椰島攻略

——海南一本通

教你在海南怎么玩？我来海南能做什么？

佩铃◎著

沈阳出版发行集团
沈阳出版社

图书在版编目（CIP）数据

椰岛攻略：海南一本通 / 佩铃著. -- 沈阳：沈阳出版社, 2021.12
ISBN 978-7-5716-2224-4

Ⅰ. ①椰… Ⅱ. ①佩… Ⅲ. ①旅游指南－海南 Ⅳ. ①K928.966

中国版本图书馆CIP数据核字(2021)第279136号

出版发行：沈阳出版发行集团 | 沈阳出版社
（地址：沈阳市沈河区南翰林路 10 号　邮编：110011）

网　　址：	http://www.sycbs.com	印　　刷：	三河市华晨印务有限公司
幅面尺寸：	240mm × 170mm	印　　张：	16.25
责任编辑：	周　阳	字　　数：	185 千字
出版时间：	2021 年 12 月第 1 版	封面设计：	优盛文化
印刷时间：	2022 年 1 月第 1 次印刷	版式设计：	优盛文化
责任校对：	李　赫	责任监印：	杨　旭
书　　号：	ISBN 978-7-5716-2224-4	定　　价：	79.00 元
联系电话：	024-24112447	E - mail：	sy24112447@163.com

序

一直有一个问题困扰着很多人，那就是虽然大家都知道海南已经成为自由贸易港，但是却不知道这个和自己有什么关系，来海南到底能做什么，所以我也想帮人们尽量去解答这个问题："我来海南能做什么？"

我花了 1 年半的时间，把海南省每个市县的多个维度——人口、学校教育、就业、旅游景点、酒店、医院、机场、动车站、各地民俗风情，以及怎么吃怎么玩，民俗工艺，特产，历史著名人物事迹和美丽的爱情故事与民间传说，进行分类汇总，让你从不同的维度体验海南的美！

佩铃

2021 年 9 月 6 日

世界地图

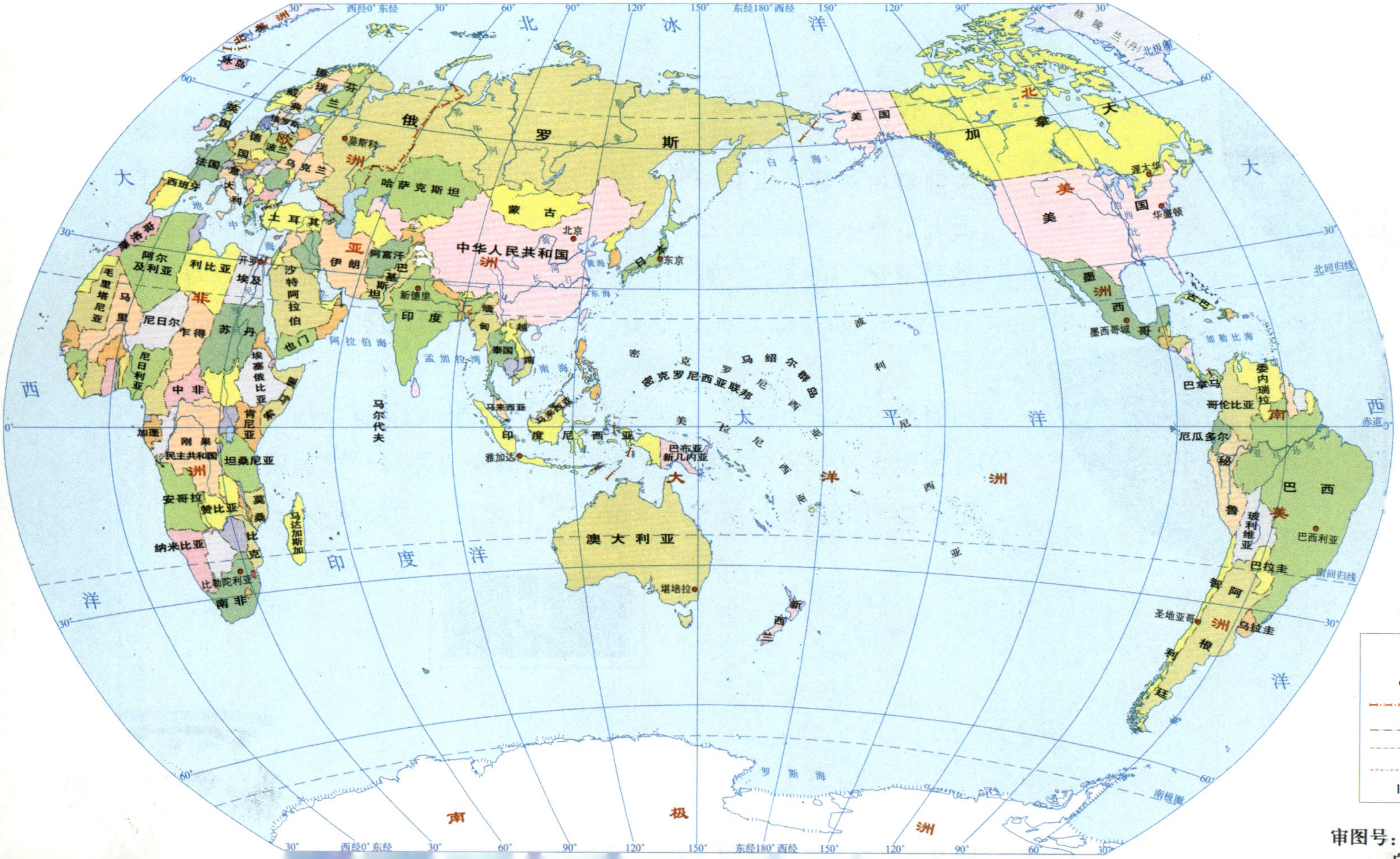

图例
- 首都
- 洲界
- 国界（未定）
- 地区界
- 军事分界线

1∶130 000 000

审图号：GS(2016)2949号

中国地图

审图号：GS(2016)2886号

自然资源部 监

海南省地图（交通版）

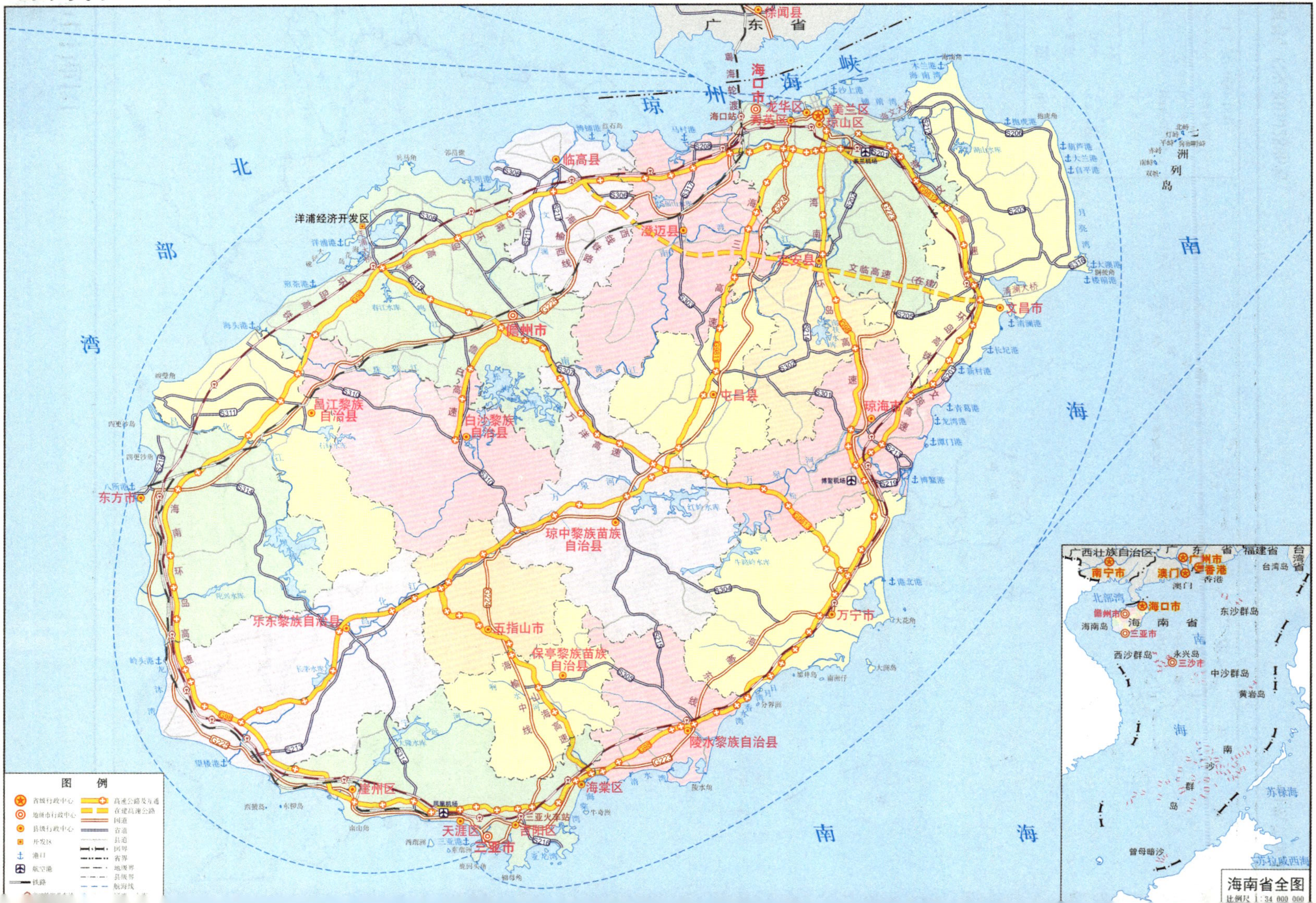

广东省
徐闻县
琼州海峡
海口市
龙华区
秀英区
美兰区
琼山区
临高县
澄迈县
定安县
文昌市
儋州市
屯昌县
琼海市
洋浦经济开发区
昌江黎族自治县
白沙黎族自治县
东方市
琼中黎族苗族自治县
万宁市
五指山市
乐东黎族自治县
保亭黎族苗族自治县
陵水黎族自治县
海棠区
崖州区
天涯区
吉阳区
三亚市
北部湾
南海
七洲列岛
文临高速（在建）
图例
海南省全图
广西壮族自治区
南宁市
广州市
澳门
香港
福建省
台湾省
台湾岛
北部湾
海口市
儋州市
三亚市
海南岛
西沙群岛
永兴岛
三沙市
东沙群岛
中沙群岛
黄岩岛
南沙群岛
苏禄海
曾母暗沙

海南省

- 位置：中国最南端
- 面积：陆地面积35400平方千米，
  海域面积约200万平方千米
- 人口：截至2020年底，常住人口1008万人
- 省会：海口市

目录

CATALOGUE

海南岛的由来

据传说，大约在人类出现的第四纪，亚洲南部发生了一场著名的造山运动，很多地块从大陆上面崩裂分离开来，由此，诞生了很多小岛屿，海南岛也由此诞生。旧石器时代遗址——海南岛南部的落笔洞，开始出现古猿人，他们是海南岛上人类最早的祖先。

公元前 221 年，秦始皇派出 50 万大军南下，经苦战收复海南。公元前 112 年，汉武帝任命路博德为伏波将军，率 10 万大军南下。此次大规模的登陆行动，也被称为“伏波开琼”。汉武帝在海南设立珠崖郡，海南岛从此正式纳入中国版图。

公元 42 年春，汉军与反军在越南仙山激战，叛军落荒而逃。被废弃 89 年之久的珠崖海南，重新又回到中原王朝的治理之下，此次伏波军队的行动，被认为是第二次“伏波开琼”。

南北朝时期，冼族已拥有十万多户、约 60 万人口和强大的部族武装。535 年，冼氏家族和冯氏家族喜结良缘，在岭南地界声威一时。冼夫人请命于梁朝，在海南岛上设立崖州，统属于广州都督府，纳入了当时的治理体系。冼夫人对海南岛的收服，是心灵上的收服，不动用一兵一卒。冼夫人因此被后世视为巾帼英雄，隋文帝追赠冯宝为谯国公，册封冼夫人为谯国夫人。

海南归属中央管理伊始，还是个荒蛮之地，于是有了历代名臣的千年流放史的故事。比如王义方、苏东坡、黄道婆、白玉蟾、李德裕、李纲、李光、赵鼎、胡铨、海瑞等。自明代以来，岛上人文日渐兴盛，加上人口增加和经济发展，还有秀美的自然风光，景色宜人，可谓“世外桃源”。这时候，海南已经不再适合作为流放地了。海南岛在明朝结束了自隋朝以来一千多年的流放地史。

海南古老的自然遗产，除了沉香，就是黄花梨了。沉香树因病变开始结香后，会经历漫长的生长期，至少需要几年至十几年的时间，而一块优质的沉香木要数十年甚至上百年才能形成，因此产量极少，市场供不应求，具有很高的收藏价值。另外，沉香的木材、树头和树根都可用来制作高级线香，用于拜祭和熏香。沉香木具有极强的抗菌效能、香气入脾、清神理气、补五脏、止咳化痰、暖胃温脾、通气定痛、能入药，是上等药材。花梨木有一种近乎不朽的品质。用花梨木做的家具，是可以作为宝物传世的，比如八仙桌、太师椅。花梨木还有一种温馨的气息，让人醒神开怀。它是一种坚韧的木材，硬度和韧性俱佳，具有很高的稳定性，不会随环境迁移而变形开裂。

1920 年，孙中山重返广州整顿军政，将全广东省分设为十个善后处，身为粤军第一军第四独立旅旅长的邓本殷，兼任琼崖善后处处长，于 1921 年初率部进驻海南岛（当时海南岛隶属广东省）。他动员海外琼侨返乡投资，参与城市建设，短短两年时间，海口地面就建起了骑楼数百幢，现在南洋骑楼老街已成为海南的文化名片。宋庆龄的父亲宋嘉树，出生在海南文昌。

1950 年 4 月，解放军登岛作战部队与琼崖纵队会师，并于 4 月 30 日结束了海南岛全部战役。

1965 年之后，海南开辟了近百个农场，种上了数以亿计的胶树，建立了 360 万亩胶园。

1988 年 4 月 26 日，海南撤区建省，成为中国最大的经济特区。

21 世纪初，海南岛被定位为国际旅游岛。这个定位所依靠的是大自然亿万年积攒下来的绿色遗产，灿烂的阳光和纯净之水，以及由此而生的热带雨林、纯澈见底的海水、氤氲其间的洁净空气，如同葫芦里的秘药，赋予海南岛无可比拟的慰藉力与神奇的康复力，它能驱除复杂社会生活及人际摩擦给人心降下的阴霾，还原人性的单纯、活泼与畅达的天机。

2020 年，《海南自由贸易港建设总体方案》隆重出台，明确“支持海南逐步探索、稳步推进中国特色自由贸易建设，分步骤、分阶段建立自由贸易港政策和制度体系”，海南再度成为国家对外开放的最前沿。

海南的知名企业有：海南航空、椰树集团、春光食品、海马汽车、南国食品、罗牛山、海南悦信集团、新大洲、海南加华集团、天涯社区、力神咖啡等。

不断打造海南国际旅游岛升级版本：

2.0 版本：到 2021 年，即建党一百年时，确保如期全面建成小康社会，基本实现国际旅游岛目的，经济社会发展各项指标达到全国中等水平，国际化水平有较为明显的提升。

3.0 版本：到 2030 年，基本建成自由贸易港，实现企业自由投资、人员自由进出、资金自由流通、信息自由畅通的全方位区域开放大格局；经济社会发展各项指标达到北京、上海、广东等国内先进地区同期水平。

4.0 版本：到 2049 年，即新中国成立一百年时，对标新加坡，全面建成高度国际化的自由贸易港；经济社会发展各项指标达到全球国际化城市和发达岛屿经济体的水平。

重点是实现“六个统一”：

1. 统一规划。

严格执行土地统一收购储备、统一开发管理、统一公开供应、统一规划岸线资源；严格土地审批，限制最低地价，提高平均地价；严格执行辖区内土地用途管制和规划管制，确保区域内耕地总量动态平衡。

2. 统一基础设施建设。

把实现基础设施互联互通列为重要目标。统筹推进全省交通、供水供电供气、排污、电信等基础设施的互联互通，加快构建快速、便捷、高效、安全、大容量、低成本的互联互通综合基础设施网络。

①优先保障公共交通一体化。

加强机场、动车站、高速公路、城际公交连接线的互联互通一体化规划建设，打通市县之间、重点旅游景区的交通瓶颈，基本形成覆盖全省的四通八达的立体交通网络。

②加快推进港口码头一体化。

完善以洋浦港、海口港为双核的枢纽港，马村港、八所港、三亚港、清澜港为重要港口的布局，打造面向东南亚的航运中心。

③推进通信网络一体化。

持续推进全省范围内的电信网、广播电视网、互联网“三网融合”工程，打造“数字海南”，实现全岛通信网络一体化。

3. 统一城乡发展。

率先实现城乡基本公共服务均等化；率先取消城乡二元户籍制度；以保护农民财产权为重点深化农村产权制度改革。

4. 统一环境保护。

5. 统一产业布局。

①北部以海口为中心，包括文昌市、定安县、澄迈县一市二县，重点发展健康、金融、教育、医疗、文化、会展、物流、信息等现代服务业。

②南部以三亚为中心，包括陵水县、保亭县、乐东县三县，重点发展海洋旅游、酒店住宿、文体娱乐、疗养休闲、商业餐饮等产业。

③中部以五指山为中心，包括琼中、屯昌、白沙三县，突出热带雨林、少数民族特色，积极发展热带特色农业、生态旅游、民族风情旅游、民族工艺品制造等。

④东部以琼海为中心，包括万宁市，发展壮大滨海旅游、会展旅游、医疗旅游、热带特色农业等。

⑤西部以儋州为中心，包括东方市、临高县、昌江县一市二县，建设“生态工业集聚区”。

综上，关键是要打破市县间的行政壁垒，促进生产要素自由流动，实现优势互补、资源共享、利益共享、联动发展。

6. 统一社会政策。

城乡义务教育、公共卫生、基本医疗保险、基本社会保障、公共就业服务、公共文化服务体制一体化。

打造泛南海经济合作先导区：

1. 从陆地走向海洋。

①从陆地开发走向海洋开发。

②实行本岛开发与海洋开发并举的战略方针。

③走开放合作的南海资源开发之路。

④建设海南岛天然气综合开发基地。

⑤海南应成为开发南海、挺进南海的基地。

⑥以旅游带动海洋资源开发。

2. 推动构建“泛南海经济合作圈”。

①“南海基地”与“南海服务合作基地”。

建设 21 世纪海上丝绸之路“南海基地”，重点任务是实施“1234”战略，打造 21 世纪海上丝绸之路“南海服务合作基地”。

②提出“泛南海经济合作圈”的构想。

21 世纪海上丝绸之路建设重在南海。加快促进泛南海自由贸易区网络的形成。海南主动承担在促进“泛南海经济合作圈”形成中的重大使命。加强“泛南海经济合作圈”顶层设计和战略规划。

③加快构建“泛南海经济合作圈”的重大任务。

加快“泛南海经济合作圈”互联互通进程。

3. 率先实现泛南海邮轮旅游的重要突破。

①加快邮轮母港建设。

②以邮轮旅游市场开放为重点创新政策体制。

海南省地图（政区版）

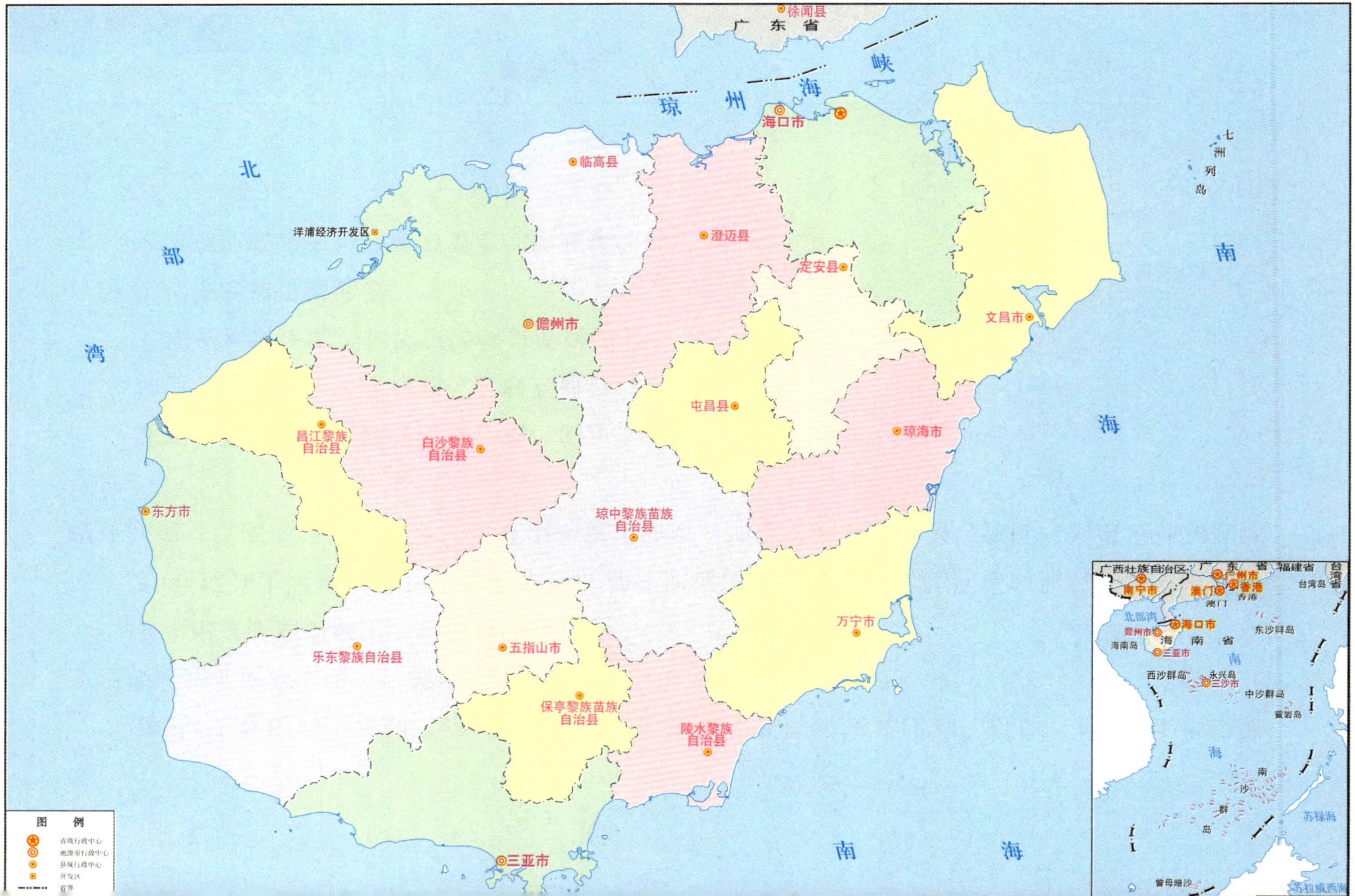

徐闻县
广东省
琼州海峡
海口市
北部湾
洋浦经济开发区
临高县
澄迈县
定安县
七洲列岛
南海
文昌市
儋州市
屯昌县
琼海市
昌江黎族自治县
白沙黎族自治县
东方市
琼中黎族苗族自治县
万宁市
五指山市
乐东黎族自治县
保亭黎族苗族自治县
陵水黎族自治县
三亚市
图例
省级行政中心
地级市行政中心
县级行政中心
开发区
省界
广西壮族自治区
广东省
福建省
台湾省
南宁市
广州市
澳门
香港
台湾岛
北部湾
儋州市
海口市
海南岛
海南省
三亚市
东沙群岛
西沙群岛
永兴岛
三沙市
中沙群岛
南海
南沙群岛
苏禄海
曾母暗沙

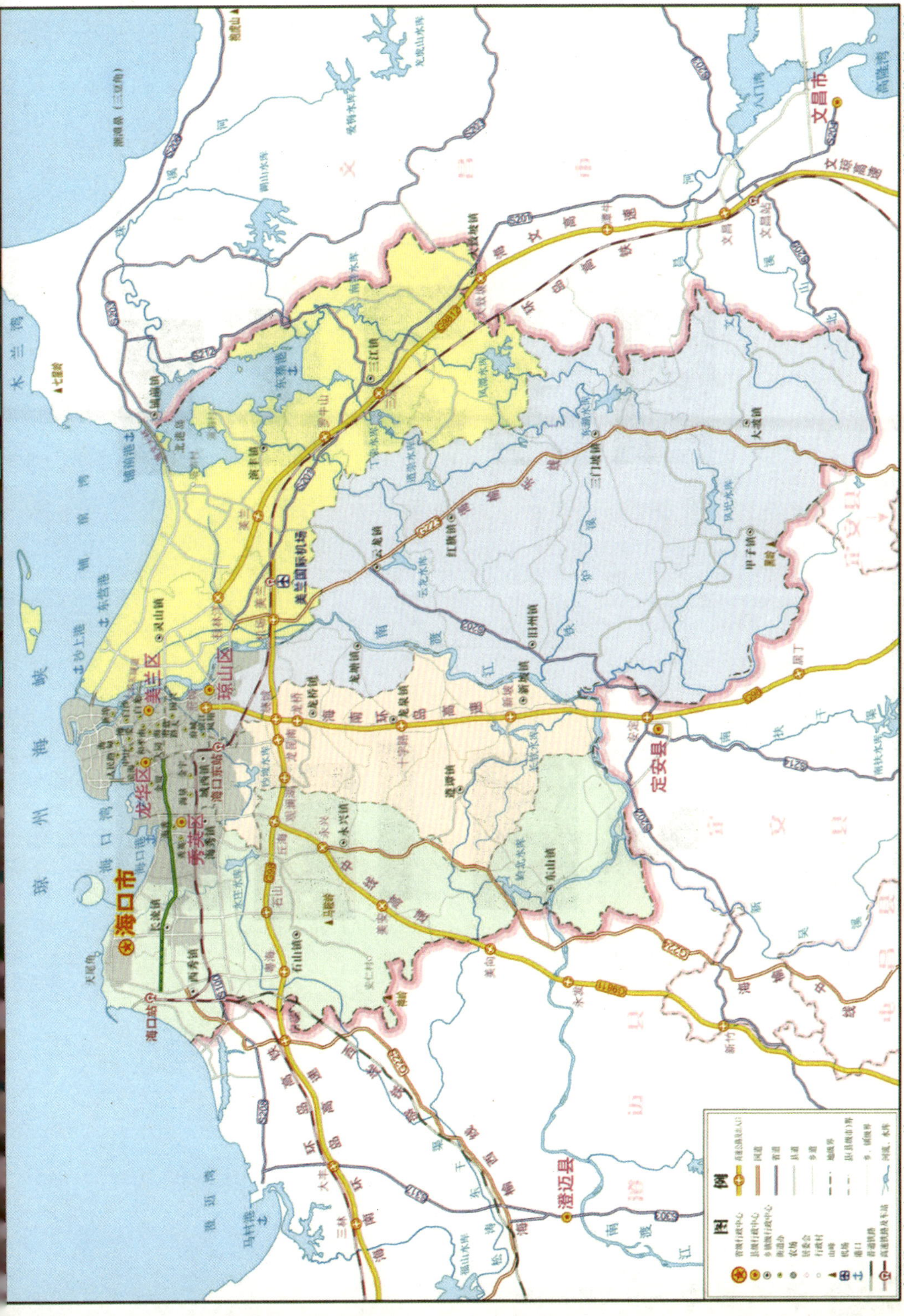
海口市
龙华区
秀英区
美兰区
琼山区
定安县
文昌市
澄迈县
琼州海峡
比例尺 1：400 000
审图号：琼S（2021）005号
海南测绘地理信息局 监制

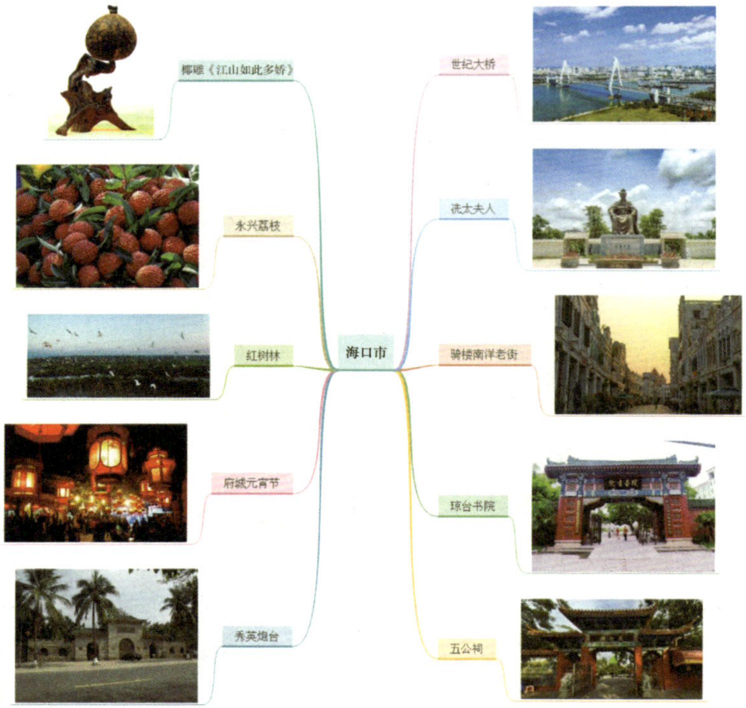
海口市
椰雕《江山如此多娇》
永兴荔枝
红树林
府城元宵节
秀英炮台
世纪大桥
冼太夫人
骑楼南洋老街
琼台书院
五公祠

海口市（以下简称海口），别称“椰城”，海南省省会，位于海南岛北部，陆地面积2296.83平方千米，2020年常住人口287万。

著名的旅游景点有五公祠、海口火山口地质公园、散步天堂万绿园、游泳胜地假日海滩、冯小刚电影公社、环球100主题公园等。

著名的酒店有海口希尔顿酒店、海南海德堡酒店、海南迎宾馆等。

著名的学校有：海南大学、海南师范大学、海南医学院、琼台师范学院等高等院校，以及海南中学、海南华侨中学、海南国兴中学等九年制义务教育学校。

买水果可以到南北水果市场，那里什么水果都有，价格还很便宜，吃海鲜可以到丁村万人海鲜广场，几乎每个城区都有蔬菜批发市场，蔬菜新鲜，价格也很实惠。

购物可以到新城吾悦广场、大润发、友谊广场等大型商超购买，海口的大型商超也很多，不到几公里就有一个。

看病可以到中国人民解放军第九二八医院、海南省人民医院、海口琼山人民医院等咨询医师，不过我建议如果是看皮肤的话最好是直接去专门的皮肤病医院看，专业且价格实惠，看眼科也是同样的道理。

海口的机场有美兰国际机场，动车站有海口火车站、海口火车东站、长流站、秀英站、城西站、美兰（机场）站，出行交通方便。

海口有 4 个区：龙华区、美兰区、秀英区、琼山区。

海口这边的夜市通常晚上 11 点大街上还是灯火通明，出来吃夜宵的人很多，这边有名的夜市有金盘夜市、海大南门特色夜市等。

海口还有柬埔寨王国驻海口总领事馆，方便签证办理。

2021 年入选海南民营百强企业名单中，海口有海口集时信息科技有限公司、海南苏宁易购商贸有限公司、椰树集团有限公司、世德能源（海南）有限公司、海南现代科技集团有限公司等 57 家企业。

海口历史上有海青天海瑞、文庄丘濬、道教“南宗五祖”之一白玉蟾、红色娘子军发起人冯白驹等著名人物，其中海瑞和丘濬分别是海南四大才子之一（海南的四大才子分别是丘濬、海瑞、王佐、张岳崧，其中，丘濬为著绝，海瑞为忠绝，王佐为诗绝，张岳崧为书绝）。

在海口，也有很多感人的历史故事和民间传说，比如

军坡节

海南的军坡节，每年农历二月就是军坡期，这个节日在海南东部一带的农村盛行，有公期和婆期，主要是为了纪念冼夫人不动用一兵一卒和平收服海南的丰功伟绩。

五公祠

海口的五公祠，是为纪念被贬谪来海南岛、传播文化发展和交流的唐代名臣李德裕和宋代名人李纲、李光、胡铨、赵鼎而建。在海南，五公祠是一个文化符号，正是因为这些失意的政治人物的到来，为海南带来了前所未有的文化冲击。

海瑞

海瑞，是明代的清官，他逝世的时候，金都御史王国汲清点他的财务，发现仅有俸银几两，旧袍数件，比一般小官吏还要清贫，王国汲不禁痛哭流涕，只好和同僚凑了些钱物，为海瑞办丧事。

自丘濬、海瑞之后，海南岛上的士子都渴望渡过海峡，进入政治经济文化的中心，施展自己的平生抱负，报效家国黎民。“过海”二字，成为一个人是否有出息的标志，而彼岸才是他们投奔的方向。

明朝时期，海南岛渡过海峡到中原去投身政治的人，除了丘濬、海瑞之外，还有邢宥，唐胄、钟芳、王佐等人。一个人口稀少的孤岛上，竟然有那么多人活跃在明代的政治舞台，随着岛上人文日渐兴盛，加上人口增加与经济发展，还有美丽的自然风光，这时候再将罪臣贬逐到这里来，已经实现不了惩罚的目的。也就是说，海南已经不再适合作为流放地了。到了清朝时期，流放的重点已转移到新疆伊犁、黑龙江、云南等地。海南岛终于结束了自隋朝以来一千多年的流放地史。

琼台书院

海口的琼台书院，始建于1705年，为海南传播中原文化并培养了无数的知识分子。书院以“琼台”为名，据说是为纪念海南第一才子，明代著名文学家、思想家、历史学家和经济学家——丘濬，以其号琼台而命名。

海南民间流传着很多有关琼台书院的故事，其中关于掌教谢宝和门生张日曼及婢女的故事十分感人。相传清朝雍正、乾隆年间，该书院的高才生张日曼与当时琼州府镇台的婢女相爱，镇台欲严惩婢女。婢女被迫逃进琼台书院躲藏，镇台追兵尾随而至。善解人意的谢宝掌教得知此事后，不畏强权，将兵丁阻挡于书院门外、拒绝镇台领兵乱搜书院。随后，谢掌教又机智地趁着夜黑送遭受诬害的婢女和张日曼出城，使两个有情人终成眷属。后来，这个故事被人们编成琼剧《搜书院》，在全国演出，广受人们喜爱。

秀英炮台

与天津大沽炮台、上海吴淞炮台、广东虎门炮台并称中国清末四大炮台的秀英炮台，是为抵御外来入侵于1891年建成。

骑楼南洋老街

广西海防大陶村的传奇军阀邓本殷，1921年初率部队进驻海南，在独掌琼崖的五年时间里，邓本殷实行“琼人治琼”的原则，大量起用本土人才，加强基础设施建设；同时他通过当地耆老贤达，动员海外琼侨返乡投资，参与城市开发建设。短短两年时间，海口地面就建起骑楼数百幢。一个以骑楼为主体、洋溢着南洋风情的全新街区展现在世人面前，市场贸易额也显著飙升，拥有四五万人口的滨海城市，从此初具规模。

元宵节

每年农历正月十五元宵佳节，海南各市县都要举行以彩灯为主的庆祝活动，其中以海口市府城镇元宵灯会最红火热闹。正月十五，府城灯火齐放，人山人海，鲜花满街，人们纷纷手持鲜花，如果在行进的路上遇到称心的异性或朋友，或者看中了另外一个人手中的鲜花，就会主动迎上去，与他（她）交换手中的鲜花，相互祝福。一般情况下，一方是不能推辞另一方的换花要求的。

海南椰雕

海南椰雕被列入国家级非物质文化遗产，椰雕始于唐代，到了明清两代，椰雕已被官吏作为珍品进贡朝廷，这便是“天南贡品”美誉的起源。部分贡品现藏于北京故宫博物院和台北故宫博物院。

现代著名的椰雕大师有：高毓生、吴名驹、邢怡鸿、文必得等。

高毓生的代表作品：《嫦娥奔月》《迎春》

吴名驹的代表作品：《江山如此多娇》（《江山如此多娇》还一举夺得“首届中国（黄山）非物质文化遗产传统技艺大展”金奖）

海口怎么玩						
基本概况	位置：海南岛北部					
	陆地面积：2296.83 平方千米					
	人口：截至 2020 年，常住人口 287.34 万人					
景点	海口石山火山群国家地质公园	海南省博物馆	冼太夫人庙	环球 100 电影主题公园	海口骑楼老街	万绿园
	海南热带野生动植物园	五公祠	海口市海瑞墓园	东寨港红树林自然保护区	假日海滩	狂野水世界（观澜湖新城）
	冯小刚电影公社	秀英炮台	桂林洋国家热带农业公园	白沙门公园	世纪公园	冯塘绿园
	西秀海滩公园	滨海公园	观澜湖旅游度假区	琼台福地	海南花卉大世界	海瑞故居
	金牛岭公园	琼台书院	丘濬故居	海南国际会展中心	海口钟楼	人民公园
	中山纪念堂	海南革命烈士纪念碑	金牛岭烈士陵园	冯白驹将军故居	李硕勋烈士纪念亭	天后圣娘庙
	苏公祠	世纪大桥	天主教堂	基督教海口堂		

续 表

海口怎么玩						
酒店	海口希尔顿酒店	海南华茗竞选酒店	海口海德堡酒店	海南迎宾馆·二期	海口宝发胜意酒店	观海温泉大酒店
	海南海口朗廷酒店	龙泉大酒店	万利隆商务酒店	海南迎宾馆一号楼	宝华海景大酒店	海南皇马假日大酒店
	华邑酒店	新温泉国际大酒店	赛仑吉地大酒店	美华荷泰酒店	海口鑫源温泉大酒店	南海博物馆酒店
	皇马假日游艇度假酒店	新奥斯罗克酒店	海口美兰凯顿大酒店	海口西柠假日酒店	海口复兴城悦玺精品酒店	海口皇马假日南洋博物馆酒店
	海南君华海逸酒店	海口中心 CitiGO 欢阁酒店	海口五指山国际温泉酒店	康年皇冠花园酒店	海口中银海航国商酒店	海口皇马假日海岛风情酒店
	明光胜意大酒店	海府家园酒店	金莲花荷泰海景酒店	国苑商务酒店	太阳城大酒店	海口索菲特大酒店
	新燕泰大酒店	海口君子兰酒店	粤海酒店	海口鹏晖泰得大酒店	黄金海景大酒店	世纪皇廷酒店
	仟那酒店	海口十二橡树酒店	鹏晖泰得大酒店			

续 表

海口怎么玩						
学校	海南大学（海甸校区）	海南师范大学（南校区）	海南大学（城西校区）	琼台师范学院（府城校区）	海南工商职业学院	海南医学院（城西校区）
	海南职业技术学院	海南科技职业学院	海南经贸职业技术学院（新校区）	海南政法职业学院	琼台师范学院(桂林洋校区）	海南师范大学(桂林洋校区）
	海口经济学院	海南省老年大学	中国热带农业科学院（海口院区）	海口市社会主义学院	海南体育职业技术学院	海南省农业科学院
	东北师范（东北师范大学）	海南实验外国语学院	海南省行政学院	西安财经学院（海南校区）	海南省海口市技师学院（秀英新校区）	昌茂花园学校
	海南省民航职业学校	海口寰岛实验学校	海口华南实验学校	海南蓝翔技校	海南博雅高级中学	海口市秀英区丰南中学
	琼台师范学院	海口市罗牛山学校	海口市琼红旗中学	甲子中学	海口市琼山区旧州职业技术学院	海口市知行实验学校
	海口市民办义务教育规范学校	谭文中学	海口山高实验学校（新校区）	三门坡中学	海口市三江中学	三江农场中学

续 表

海口怎么玩						
学校	三门坡学校	东昌中学	新北岸实验学校	海口市咸来中学	海口市琼山区红旗职业技术学校	海口市大成实验学校
	海口市第一中学	琼山华侨中学	海南华侨中学	海口市第十中学	海南省银行学校	海口市第一职业中学
	琼山中学	海南省农垦中学	海口市第四中学	海口市第九中学	景山学校	海口实验中学
	海口市第二中学	府城中学	海口市第七中学	海口市海瑞学校	海南昌茂中学	南海中学
	海南省国兴中学	海口山高实验中学	灵山中学	海口市第十四中学	海口市琼山第二中学	航空服务与城市交通学院
	海南省海口技师学院（龙华校区）	海南大学	海口经济学院	海南省中华文化学院	海南科技职业大学	海口市长彤学校
	东华理工大学海南函授站	海南师范大学	海南电大艺术学院	海南国际文化培训学院	海南师大地理与旅游学院	嘟噜噜成长学院
	儿童国学院	模杰偶像学院	传奇高尔夫学院	艺雅时尚教育文化学院	海南中学（初中部）	海南中学（高中部）

续 表

海口怎么玩						
学校	海南广播电视大学（海甸二西路）	国家开放大学（海南）	海口市行政学院	湖南师大附中海口中学	琼台师范	海口市锦绣学校
	海口市长流中学	海南万和职业技术学校	网络科技时代海口实验学校	海口市城西中学	海口市西湖实验学校	演丰中学
	龙塘中学	石山中学	中国人民大学附属中学海口实验学校	海口市玉沙实验学校	海南文理中专技术学校	桂林洋中学
	海南华侨中学观澜湖学校	海口市海联中学	海口市龙泉中学	海口市永兴中学	海口市大华中学	海口嘉勋高级中学
	琼山路十字路中学	旧州中学	育才学校	海口市新坡中学	海南省技师学院	海南广播电视大学（海甸三西路）
	海口经济学院（新校区）	海口东坡学院	海南省社会主义学院	海南翻译培训学院	北京师范大学海口附属学校	海南广播电视大学
	海南医学院	海南省旅游学校	海南省经济技术学校	海口市义龙中学	海口市中医药学校	海口新南方外国语学校
	海口旅游职业学校	东方中学	海口市云龙中学	海南理工高级职业技校	海口市荣山中学	

续 表

海口怎么玩						
学校	四中高中部美兰分局	海口南海实验学校	海口市海景学校	海口市山高幼儿园		
	海南师范大学附属幼儿园	海口市港湾小学	海口市滨海第九小学美丽沙分校	海口市机关幼儿园	海南白驹学校	中国人民大学附属中学海口实验学校
	海口市五源河学校	海口市第二十五小学	海口市滨海第九小学	海口市长彤学校	琼台师范学院附属幼儿园	海口市琼山幼儿园
	海南省直属机关幼儿园	武警海南省总队幼儿园	海口市五源河幼儿园	海南大学附属幼儿园	海口市教育幼儿园	海口市卫生幼儿园
	海南省直机关第二幼儿园	海口市中心幼儿园	海南昌茂花园幼儿园	海口市秀峰幼儿园	海南艺飞扬幼儿园	
市场	坡博市场	海鲜市场	假花批发市场	龙泉镇综合市场	水英双拥农贸市场	南北水果市场

续 表

海口怎么玩						
市场	秀英港批发市场	城金市场	海玻农贸大市场	五源河农贸市场	海口第一市场	凤翔农贸市场
	培龙农贸市场	城西市场	金龙市场	大英农贸市场	东门市场	海口力合农贸市场
	龙华市场	龙舌坡市场	海口港丰农贸市场	白沙农贸市场	金华市场	丁村万人海鲜广场
商场	明珠广场	宜欣广场	日月广场	明洋商场	汇隆广场	鹏晖广场
	万国大都会	万利城	鹏泰兴购物广场	多宝利商业广场	金棕榈	
	南亚广场	百方广场	苏宁易购	新城吾悦广场	香港城	阳光商业城
	东方广场	国美电器	紫荆百货	云城园商城	友谊阳光城	宇建国贸城
	海口百货大楼	大汇兴购物中心	海航日月广场	春元购物广场	博爱商城	海秀1号商业广场
	亿圣和	西岭商业广场	佳心百货商场	生生国际购物中心	星华商厦	生生百货商场
	友谊广场	解放商场	美源商业广场	海垦广场	名门广场	宜欣购物公园
	万达广场	衍宏海甸商业中心	天茂百货	万华广场		
	金贸商城	国秀城	海口市国际免税城（预计2022年开业）			

续 表

海口怎么玩						
医院	中国人民解放军联勤保障部队第九二八医院	海南省肿瘤医院	海口市人民医院	海南省中医院	海南省人民医院	海南医学院第一附属医院
	海南省儿童医院	海南省眼科医院	海南省皮肤病医院	海口市第三人民医院	武警海南省总队医院	海南大学医院海甸主校区
	海口市妇幼保健院	海南福兴医院	海口市第四人民医院（分院）	海口中医颈肩腰腿病医院	海南省安宁医院	海口市中医医院
2021入选海南民营百强企业名单	海口集时信息科技有限公司	海南苏宁易购商贸有限公司	椰树集团有限公司	海南富力房地产开发有限公司	世德能源（海南）有限公司	海南现代科技集团有限公司
	齐鲁制药（海南）有限公司	海南威特电气集团有限公司	海口市薪火相传信息科技有限公司	海南金盘智能科技股份有限公司	海南海灵化学制药有限公司	海南爱奇艺文化传媒有限公司
	海南先声药业有限公司	待君人才服务集团有限公司	海南荣程新材料供应链股份有限公司	海南同城必应科技有限公司	海南文盛新材料科技股份有限公司	海口奇力制药股份有限公司

续 表

海口怎么玩						
2021 入选海南民营百强企业名单	海南葫芦娃药业集团股份有限公司	中建中联集团有限公司	海南第一投资控股集团有限公司	映客网络科技（海南）有限公司	海南九兴汽车贸易有限公司	海南长安国际制药有限公司
	海南顺丰速运有限公司	海南新珠江人力资源开发管理有限公司	海南椰岛（集团）股份有限公司	海南华盛混凝土有限公司	海南裕泰科技饲料有限公司	海南联合皇冠汽车服务有限公司
	海南盛世欣兴格力贸易有限公司	海南恒兴饲料实业有限公司	海口双胞胎饲料有限公司	海南亚洲制药股份有限公司	海南立昇净水科技实业有限公司	海南奥创企业管理集团有限公司
	海南上湖信息技术有限公司	海南华健药业有限公司	中南城建集团有限公司	海南恒宝混凝土工程有限公司	海南金鹿投资集团有限公司	海南中视集团
	海口创领未来信息科技有限公司	新生支付有限公司	海南三合泰幕墙装饰有限公司	海口玉禾田环境服务有限公司	海南今时科技有限公司	海南金棕榈园艺景观有限公司
	海南倍特药业有限公司	海南国健高科技乳业有限公司	海南旺豪阳光实业有限公司	海南双成药业股份有限公司	海口龙马环卫环境工程有限公司	海南王品农业科技开发有限公司
	海南银达国际餐饮管理有限公司	海南全星制药有限公司	海南望海国际商业广场有限公司			

续 表

海口怎么玩						
工厂	啤酒工厂	OK 童装工厂店	4D 梦工厂	玻璃钢化粪池工厂营销部	UV 雕刻工厂	展柜工厂
	珂华工厂	尼采手机工厂店	铝材工厂店	立邦涂料海南腻子粉工厂	文化设计工厂	od 影像工厂
	瓦力工厂	万向系统海南工厂	汽车脚垫工厂店	冰饮工厂	体育运动工厂	楠木工厂
	前进铁工厂					
著名人物	海瑞（海南四大才子之一）	丘濬（海南四大才子之一）	白玉蟾	唐胄	许子伟	李向群
	冯白驹	曾德超				
管辖区镇	龙华区	美兰区	秀英区	琼山区		

续　表

海口怎么玩						
特别节日	国家法定节日	换花节（农历正月十五）	海南国际旅游岛欢乐节（12月）	公期		
夜市	金盘夜市	东湖嘉丰特色夜市	海垦花园夜市	海大南门特色夜市	福地美食街特色夜市	
特色美食	清补凉	椰子鸡	海南粉	老爸茶		
特色工艺	珍珠	黎锦	椰雕	珊瑚盆景	蝶画	
总领事馆	柬埔寨王国驻海口总领事馆					

海南省地图（政区版）

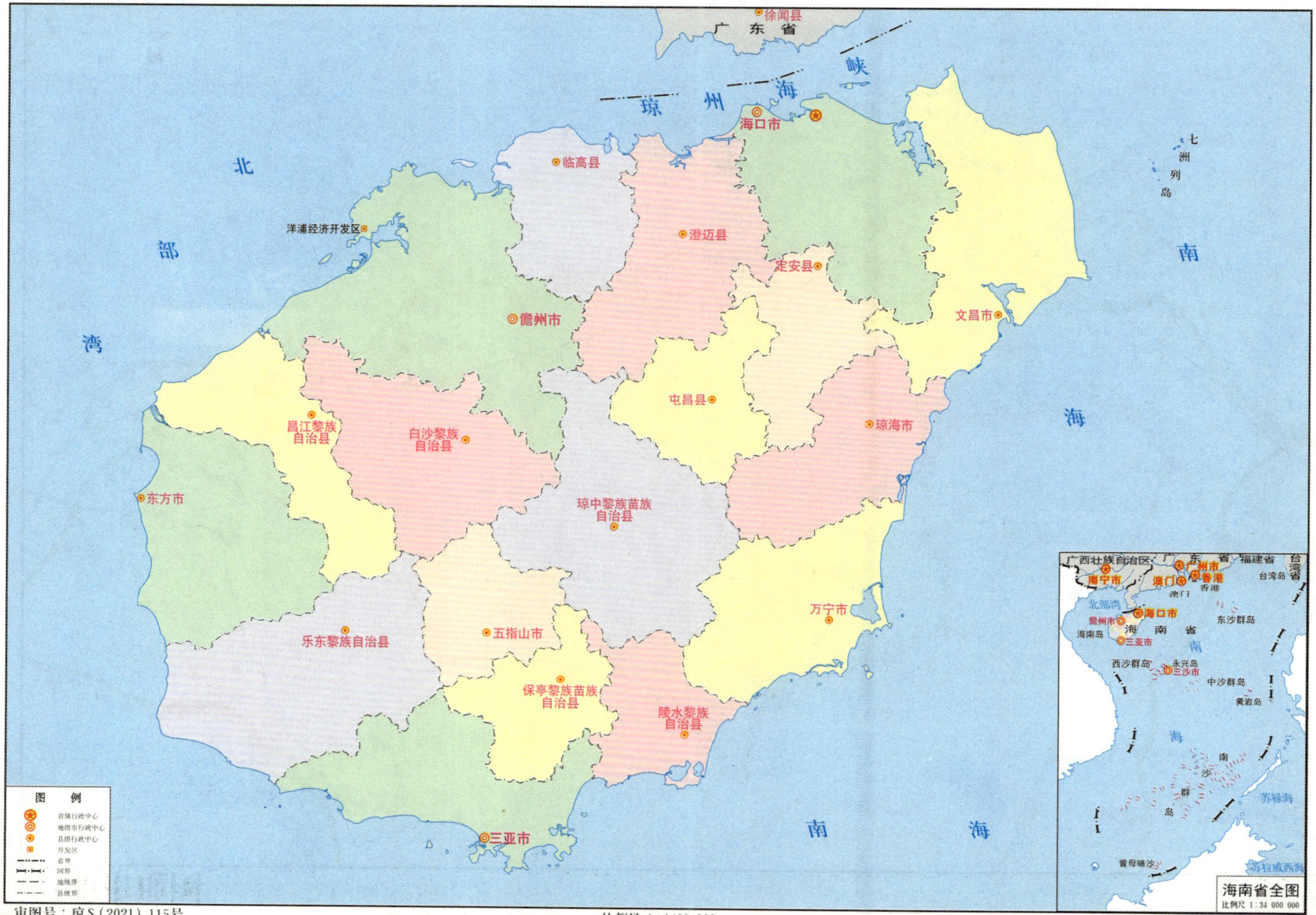

审图号：琼S（2021）115号

比例尺 1:1400 000

海南测绘地理信息局 监制

三亚市地图

三亚市
吉阳区
天涯区
海棠区
崖州区
保亭黎族苗族自治县
乐东黎族自治县
保亭黎族苗族自治县
五指山市
陵水黎族自治县
凤凰国际机场
凤凰站
三亚站
火车站
崖州站
海南环岛高速
海南环岛高铁
海榆西线
海榆东线
海榆中线
山海高速
中线高速
西线铁路
三亚湾
亚龙湾
海棠湾
大东海
南海
西瑁洲
东瑁洲
凤凰岛
三亚港
三亚角
鹿回头岭
鹿回头角
南山角
角头桑
西鼓岛
东锣岛
野猪岛
西洲
东洲
竹湾
龙坡村
牛岭湾
坎秧湾
锦母角
虎头岭
蜈支洲
土福湾
铁炉港
烧旗港
大隆水库
力村水库
长茅水库
石门水库
毛拉洞水库
半岭水库
赤田水库
宁远河
扎南村
马咀岭
尖岭
崖城
南山
天涯
海角
凤凰
荔枝沟
南丁
迎宾
亚龙湾
林旺
藤桥
升昌
英州
三道
保亭
加茂
千家
茅坡
九所
梅山
长茅
G98
G225
G224
S314
S313
S305
S216
G9811
图例
地级行政中心
县级行政中心
乡镇级行政中心
农场
居委会
机场
山峰
港口
普通铁路
高速公路及出入口
国道
省道
县道
乡道
地级界
县(县级市)界
乡、镇级界

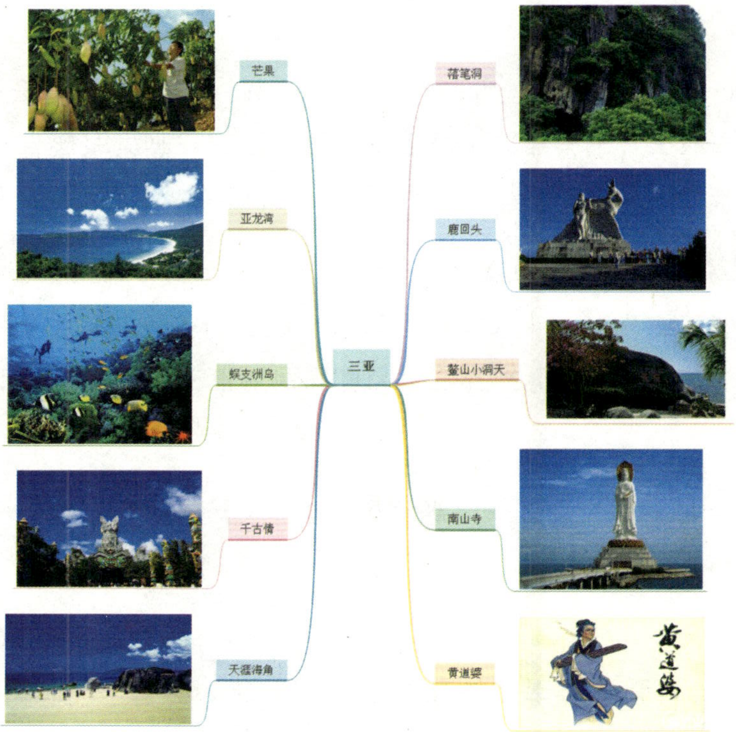
三亚
芒果
亚龙湾
蜈支洲岛
千古情
天涯海角
落笔洞
鹿回头
鳌山小洞天
南山寺
黄道婆
黄道婆

三亚市（以下简称三亚），又称“鹿城”，位于海南岛南部，陆地面积 1921 平方千米，2020 年常住人口 103.1 万。

著名的旅游景点有南山寺（南海观音）、亚龙湾海滩、天涯海角、鹿回头、千古情等景区。

著名的酒店有三亚亚特兰蒂斯、三亚艾迪逊酒店、三亚保利瑰丽酒店等。目前，世界上仅有三座以亚特兰蒂斯命名的酒店，分别是巴哈马（加勒比海地区）的天堂岛上的亚特兰蒂斯、迪拜棕榈岛上的亚特兰蒂斯和三亚亚特兰蒂斯。三亚的亚特兰蒂斯由复兴文旅打造，耗资百亿。

著名的学校有海南热带海洋学院、三亚学院、三亚理工职业学院、三亚航空旅游职业学院等高等院校以及九年制义务教育学校。

购物可以到三亚市第一农贸市场、海鲜市场，或者三亚国际免税城、胜利购物广场、一方百货广场等大型商超购买。

看病可以到三亚市人民医院、三亚市中医院、中国人民解放军总医院海南医院、海南省第三人民医院等咨询医师。

三亚有凤凰国际机场，动车站有三亚站、亚龙湾站、凤凰机场站、崖州站。

三亚有 4 个区，吉阳区、海棠区、天涯区、崖州区。

2021 年入选海南民营百强企业名单汇总，三亚有海南诗波特投资有限公司、海南瑞泽新型建材股份有限公司、海南亚特兰蒂斯商旅发展有限公司、海南复地投资有限公司、海南落笔洞实业有限公司等 16 家企业。

三亚历史上曾有鉴真、黄道婆、钟芳等著名人物。

在三亚，也有很多感人的历史故事和民间传说。

落笔洞

据传，海南最早的人类祖先出现在落笔洞，在落笔洞的附近是仙姑洞房，因为洞内有一悬石，远远望去，形似仙女头像。相传，有一仙女因羡慕人间多彩生活，遂从天庭降落此地，与一黎族青年结为夫妻。两人以洞为家，男耕女织，日子过得恩恩爱爱幸福美满，附近的黎族人民也常来为夫妻俩祝贺。后来，每逢大年初一至初三日，黎族人民身着盛装，男女老幼聚集于此，赛歌、跳舞、摔跤，庆贺一番。姑娘和小伙子还以此为良机，择偶谈情，缔结百年之好。这种活动逐渐演变成“游洞节”，世代相传，一直沿袭至今。

鹿回头的故事

古代有位年轻的猎人，在五指山密林深处发现一只迷人的梅花鹿。猎人穷追不舍，追寻了九天九夜，翻过了数不清的山岗，就在他体力快要支撑不住的时候，前面出现一片汪洋，挡住了鹿的去处。猎人万分欣喜，连忙拉起弓箭，然而，就在他即将松开弓弦的那一刻，梅花鹿回过头来，化身成一位纯洁的少女，散发出天使的光辉。猎手的心立即被融化了，将手中的弓箭抛入大海，跪倒在山崖边上，在澎湃的涛声中向神女俯首示爱。仙女与青年猎手一见钟情，结成夫妻，在南海之滨安家，从此这里也被叫作鹿回头。

鳌山小洞天

历史悠久的鳌山小洞天的天然奇石中，有一处人工石雕群像，这就是鳌山腰处的唐代高僧鉴真等 5 名中日僧人的群像，它再现了鉴真大师第 5 次东渡日本受挫的历史事实。

南山大小洞天

南山大小洞天被视为南海的“洞天福地”，“洞天福地”是道家隐居和修炼长生不老的地方，全国第三次、第四次人口普查结果显示：海南的人口平均寿命最高，而三亚市的人口平均寿命为海南之首，南山又为三亚之最，目前当地 86 岁以上的老人达几百人之多，所以人们有足够的理由相信，南山是长寿之乡，“寿比南山”在这里当之无愧。

黄道婆的故事

传说在南宋灭亡之前，一个姓黄的女子在十二三岁时被卖给人家当童养媳。白天在田头忙活，傍晚回家伺候公婆，晚间还要在织布机前工作，直到夜静更深。不仅如此，还常常遭到莫名的辱骂毒打。非人的日子水深火热，再也无法继续，于是，一个夜里，她独自一人揭瓦出逃，来到黄浦江边，随船飘荡。之后她到过越南占城等许多地方，吃了许多苦头，也见过一些世面，最后来到了海南岛上的崖州。黄道姑整日与黎族织女在一起，从织布到绣花，从绣花到缸染，整个流程一路跟了下来。

三十年过去了，黄道姑掌握了“捍、弹、纺、织”机械的运用以及错纱、配色、综线、挈花等织造技术，把黎族妇女传承千年的遗产接了下来，成为名副其实的棉纺家，人也从黄道姑变成了黄道婆。

元朝元贞年间，黄道婆重返松江乌泥泾镇，由一个不幸的童养媳，变成了纺织女神和教母，用她纤细的十指，发起一场纺织业的革命，创制出三锭脚纺车，改写了中国纺织业的历史。松江府则成了国内最大的棉纺中心，有了“松郡棉布，衣被天下”的美誉。

至顺元年（1330），黄道婆道业圆满，离开人世。三年之后，松江人追怀她的功德，为她建立祠堂，此后，民间传唱着这样一段民谣：“黄婆婆、黄婆婆，教我纱，教我步，两只筒子两匹布。”

天涯海角的传说

天涯海角位于三亚市西郊20公里的马岭山下，这组石头的中央有一块圆柱形巨石，上刻“天涯”两个大字，是清朝雍正十一年(1733)崖州州守程哲的题刻，石的背面刻有郭沫若的题字“天涯海角游览区”。相距不远的一块大石上，刻有“海角”二字，是清末文人所题。另有一块锥形石块上刻有“南天一柱”四字。

“南天一柱”有一个很美丽动人的故事在当地流传。说的是很久很久以前，这一带的海水常年波涛汹涌，潮水淹没了田地，无法再种植庄稼，人们只好下海捕鱼为生。但是在茫茫的大海上没有任何标记，因此，人们常常迷失方向，一去不回。

勤劳勇敢的人们仍不避艰险，捕鱼谋生，终于感动了天上的两个仙女。她们驾着祥云来海南，挥舞衣袖，使天气晴朗；立于波涛之上，汹涌的大海则风平浪静。人们奔走相告，驾船来此，均能捕获满仓鱼虾，欢喜归去。两个仙女也高兴万分，每天前来为人间造福。直到一天晚上，由于渔船太多，她们无法回去向王母娘娘请安。

身居天庭的王母娘娘见每晚必来请安的两个仙女今晚未来，便派巡天公曹寻找她们。这位巡天公曹找遍了天庭的玉宇琼楼，最后才在凡间的南海上找到。他劝她们回去，而她们又执意不肯。巡天公曹返回天庭禀告王母娘娘后，又领旨来抓她们。海上的渔民立即挥舞鱼叉船桨，敲盆打桶，奋力与巡天公曹搏斗，保护两位仙女，齐心协力赶跑了巡天公曹。王母娘娘闻讯大怒，下旨派雷公电母立即把两个仙女提回问罪。

雷公电母一到南海，就喷电炸雷，兴风作浪，强逼两位仙女回去。可是，她们坚决不从，而且手挽手肩并肩站在波涛上，宛如凛然不可侵犯的双峰石。雷公大怒，一声巨雷把双峰石炸开，霎时间，石块纷飞，两截巨石被炸飞起来，一截落在附近，裂成三片；另一截落到岛的最南端的海上。

风浪平息后，人们驾船到来，再也看不见两位善良仙女了，只在她们站过的地方出现一座礁岩。原来，她们化石镇浪，使得这片海域变成富饶的渔场。人们为了感激她们，把那座礁岩称作“双女石”。而落在岛南天涯的那截巨石，据说是其中一个仙女愤怒挥舞的手臂，也就是今天我们所见的“南天一柱”。

三亚的杧果

因为地处北纬 19° 以南，三亚崖州、乐东、昌江一带还盛产杧果，果实肥大，大的一个可重达五六斤，果肉香甜，芬芳四溢。杧果树的寿命长达 500 年，结果的年龄达百年以上，是果树中寿命较长的一种。杧果树每年一期开花结果，6 月成熟，也有秋杧，在 9–10 月结果。

亚龙湾潜水

三亚市亚龙湾附近的水域，海流平缓，水质清澈，无鲨鱼侵扰，是理想的海洋潜水旅游基地。国际潜水协会主席贝罗先生和亚洲潜水协会会长小林先生等对此地考察后认为，这里是最适宜潜水旅游的胜地之一。我国第一所海洋潜水俱乐部，目前已开始在三亚亚龙湾接待国内外潜水观光游客。这家俱乐部是由海南三亚和平国际潜水旅游分司主办的。这里海水清澈透明，海底一丛丛五彩缤纷的珊瑚礁异彩纷呈，晶莹透亮的贝壳和一群群热带鱼各显神奇，可使游客置身海底世界大饱眼福。

三亚怎么玩	
基本概况	位置：海南岛南部
	陆地面积：1921 平方千米
	人口：截至 2020 年，常住人口 103.1 万人

续 表

三亚怎么玩						
景点	南山寺（海上观音）	亚龙湾国家旅游度假区	三亚凤凰岭海誓山盟景区	天涯海角游览区	蜈支洲岛度假中心	三亚千古情景区
	南山大小洞天旅游区	鹿回头风景区	落笔洞	海棠湾	崖州古城	南天热带植物园
	三亚国家珊瑚礁自然保护区	椰梦长廊	三亚海昌梦幻娱乐不夜城	三亚湾	亚龙湾蝴蝶谷	亚特兰蒂斯失落的空间水族馆
	亚龙湾热带天堂森林公园	槟榔河文化旅游区	亚马孙丛林水乐园	天涯海角星雕塑	亚龙湾中心广场	亚特兰蒂斯水上乐园
	三亚水稻国家公园	亚龙湾国际玫瑰谷				
酒店	三亚亚特兰蒂斯	三亚艾迪逊酒店	三亚嘉佩乐酒店	三亚太阳湾柏悦酒店	三亚保利瑰丽酒店	亚龙湾天域度假酒店
	金茂三亚亚龙湾丽思卡尔顿酒店	三亚中心凯悦嘉轩酒店	三亚希尔顿花园酒店	山海天大酒店–傲途格精选	三亚山海天JW万豪酒店	温德姆酒店（三亚丽禾店）
	三亚山海名苑度假别墅	三亚美高梅度假酒店	三亚文华东方酒店	半山半岛洲际度假酒店	大东海酒店	维景国际度假酒店
	菩提酒店	亚龙湾华宇度假酒店	三亚悦澜湾绿地铂瑞酒店	君澜鹿回头国宾馆	三亚亚龙湾瑞吉度假酒店	三亚康年酒店

续 表

三亚怎么玩						
酒店	天鸿度假村	鸿洲国际游艇酒店	颐和大酒店	悦榕庄	三亚湾海居铂尔曼度假酒店（三亚湾路店）	万豪度假酒店（三亚亚龙湾店）
	三亚亚龙湾爱琴海建国度假酒店	三亚海韵度假酒店	三亚湾君澜湾畔雅居度假酒店	贝斯特韦斯特精品三亚国际度假酒店	希尔顿欢朋酒店（三亚湾店）	亚龙湾人间天堂·鸟巢度假村
	三亚山海阁度假别墅酒店	三亚哈曼度假酒店	三亚喜来登度假酒店	三亚悦榕庄酒店	三亚半岭温泉海韵别墅度假酒店	三亚湾假日度假酒店
	金茂三亚亚龙湾希尔顿大酒店	三亚金都蔚景温德姆酒店	三亚湾红树林度假酒店	三亚亚龙湾迎宾馆		
学校	海南热带海洋学院	三亚学院（南校区）	三亚理工职业学院	三亚城市职业学院	三亚航空旅游职业学院	三亚市榆林八一中学
	三亚中瑞酒店管理职业学院	三亚国际旅游管理职业学院	海南中学三亚学校（三亚市实验中学）	三亚市民族中学	三亚市第四中学	三亚市第三中学

续 表

三亚怎么玩						
学校	三亚市崖城高级中学	西南大学三亚中学	中国人民大学附属中学三亚学校	上海外国语大学三亚附属中学（在建）	海南省三亚技师学院	三亚市天涯中学
	三亚市妙联学校	三亚市高峰中学	立才初级中学	保港中学分校	立达学园	三亚崇德学校
	三亚双品华侨学校	三亚和平学校（新校区）	兰栏中学	南新初中	三亚丰和学校分校	红旗中学
	三亚市第一中学	三亚新一中	三亚市南滨中学	育才中学	三亚市逸夫中学	三亚市凤凰中学
	三亚求真实验学校	榆林八一中学	三亚崇德学校（龙海路）	三亚市红沙中学	丹州初级中学	三亚学院－艺术学院
	棠妆美业培训学院	三亚市行政学院	宝贝学院	海南省鲁迅中学	三亚市第二中学	三亚市实验中学
	三亚学院（北校区）	三亚卓达旅游职业学院	海南省法官进修学院	三亚市第五中学	三亚市老年人大学	国家法官学院（海南分院）
	三亚市梅山中学	三亚江南中学	三亚市崖州区中心学校	海棠区进士中学	海南华侨中学三亚学校	三亚市崖州区保港中学

续 表

三亚怎么玩						
学校	南田中学	三亚市崖城中学	镇中心学校	三亚和平学校（榆亚路）	三亚华侨学校（南新校区）	画时代美术培训学院（一方百货广场店）
	三亚市田家炳高级中学	三亚中兴学校	双品亚龙湾校区	三亚市林旺中学	三亚市藤桥中学	白俄罗斯国立大学－中国预科学院
	海南省农垦三亚中等专业学校	荔枝沟中学	三亚市南海学校	美恩纹绣学院	zz 韩式半永久培训学院	三亚市社会主义学院
市场	三亚市第一农贸市场	三亚福朋喜来登酒店市场	藤桥市场	荔枝沟市场	三亚榕根农贸市场	三亚市崖城集贸市场
	三亚市第三集贸市场	吉阳区鸿港农贸市场	吉阳区新鸿港水果批发市场	渔村市场	丰收农贸市场	金鸡岭农贸市场
	三亚市第二集贸市场	三亚市海鲜市场	崖城镇新村农贸市场	南新农贸市场	三亚市人力资源市场	吉阳市场
	第一市场	林旺农贸市场	三亚二手车交易市场	鸿港海鲜批发市场		

续 表

三亚怎么玩						
商场	三亚国际免税城	海棠湾国际购物中心	港华商业广场	胜利购物广场	百花谷商业中心	荣昌商城（解放路店）
	明珠广场	一方百货广场	鸿洲广场	金润广场	金和商城	宝盛广场
	国际购物中心					
医院	三亚市人民医院	三亚世侨中医医院	三亚麓成医院	中国人民解放军总医院海南医院	农垦南新医院	中国人民解放军第425医院
	三亚市中医院	三亚广慈医院	吉阳卫生院	三亚市安宁医院	三亚华侨医院	三亚市妇幼保健院
	海南省第三人民医院	泽瑞医院	南部战区海军第二医院	哈尔滨医科大学鸿森医院	广州中医药大学附属粤海医院	
机场	三亚凤凰国际机场					
火车站/动车站	三亚站	亚龙湾站	凤凰机场站	崖州站		
港口码头	三亚港	榆林港	南山港	铁炉港	六道港	

续　表

三亚怎么玩						
重要基地	三亚湾红树林国际会展中心	三亚美丽之冠文化会展中心及酒店群	三亚财经国际论坛永久会址			
2021年入选海南民营百强企业	海南诗波特投资有限公司	海南瑞泽新型建材股份有限公司	海南亚特兰蒂斯商旅发展有限公司	海南复地投资有限公司	海南落笔洞实业有限公司	海南中亚置业有限公司
	海南春邑伟业投资管理有限公司	海南蜈支洲旅游开发股份有限公司	海南春蕾天涯农业科技发展有限公司	三亚明佳园林环卫集团有限公司	海南希源生态农业股份有限公司	海南宝岛建设有限公司
	三亚胜利时代商业城投资有限公司	海南双大集团有限公司	海南趣玩水运动有限公司	海南卓亚家缘投资股份有限公司		
工厂	三亚益民畜禽屠宰厂	三亚吉阳顺发机械加工厂	鸿成木构木材制作加工厂	广佛不锈钢门厂	福强冷冻厂	
	荔枝沟水质净化厂	三亚市水泥制品厂	三亚老何棺材厂	海螺屠宰厂	云丰石材厂	三亚显凯印刷厂

续　表

三亚怎么玩						
工厂	三亚荔枝沟华兴水泥制品厂	冠蓝纱窗门窗加工厂	三亚市吉阳区	禄可眼镜O2O工厂店（迎宾路分店）	兴盛泡沫厂	
	安力机械加工厂	三亚市河东印刷厂	宏平不锈钢玻璃加工厂	三亚勇田玻璃厂	南方机械厂房	
	三亚田独美达水泥制品加工厂	三兴石业加工厂	东洁洗涤厂（三亚）	三亚骏亿拼花加工厂	荔枝沟木材厂	
	三亚永利木材加工厂	三亚恒志达帐篷厂	三亚骏亿水刀加工厂			
	海南泡沫厂					
历史人物	鉴真	黄道婆	钟芳	陈英才	何绍尧	陈世训
	廖树金	林庆墀				
管辖区镇	吉阳区	海棠区	天涯区	崖州区		

三亚怎么玩						
特别节日	“二月二”龙抬头节（大小洞天旅游区）	海南国际椰子节（3月或4月）	天涯海角国际婚庆节（农历七月初七，七夕节）	海南岛欢乐节（12月）	端午节赛龙舟	中秋节
	“三月三”爱情节	九九重阳中国南山长寿文化节				
夜市	第一市场	三亚湾	大东海	解放路步行街		
特色美食	红糖年糕	三亚海鲜	红烧梅花参	甜酸粉	苗家三色饭	米花糖
	姜糖汤圆					
特色工艺	黎族织锦					

海南省地图（政区版）

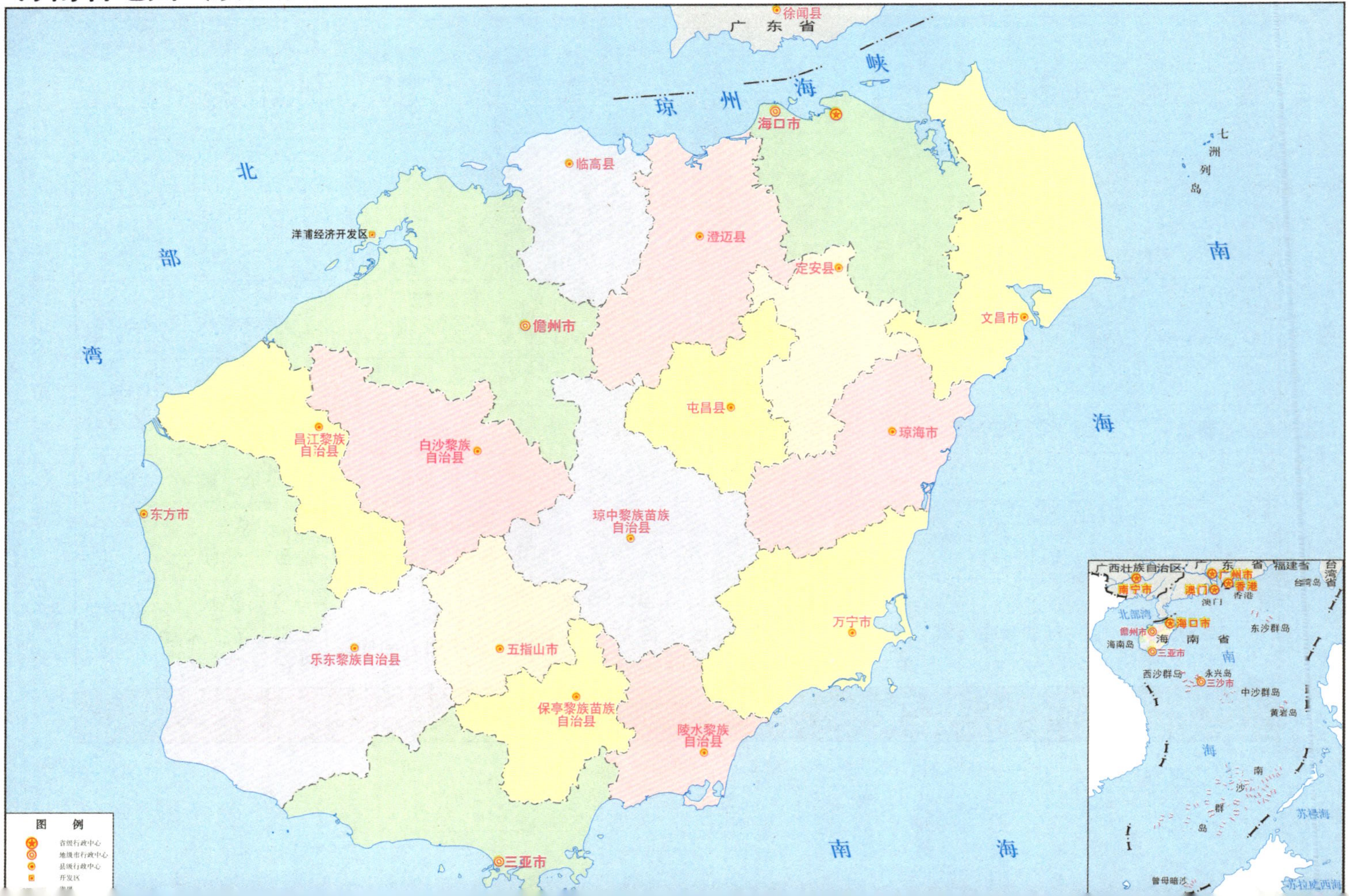
徐闻县
广东省
琼州海峡
海口市
临高县
澄迈县
定安县
文昌市
七洲列岛
北部湾
洋浦经济开发区
儋州市
屯昌县
琼海市
昌江黎族自治县
白沙黎族自治县
东方市
琼中黎族苗族自治县
万宁市
乐东黎族自治县
五指山市
保亭黎族苗族自治县
陵水黎族自治县
三亚市
南海
图例
省级行政中心
地级市行政中心
县级行政中心
开发区
广西壮族自治区
广东省
福建省
台湾省
南宁市
广州市
澳门
香港
台湾岛
北部湾
海口市
儋州市
海南岛
海南省
三亚市
东沙群岛
西沙群岛
永兴岛
三沙市
中沙群岛
黄岩岛
南海
南沙群岛
苏禄海
曾母暗沙

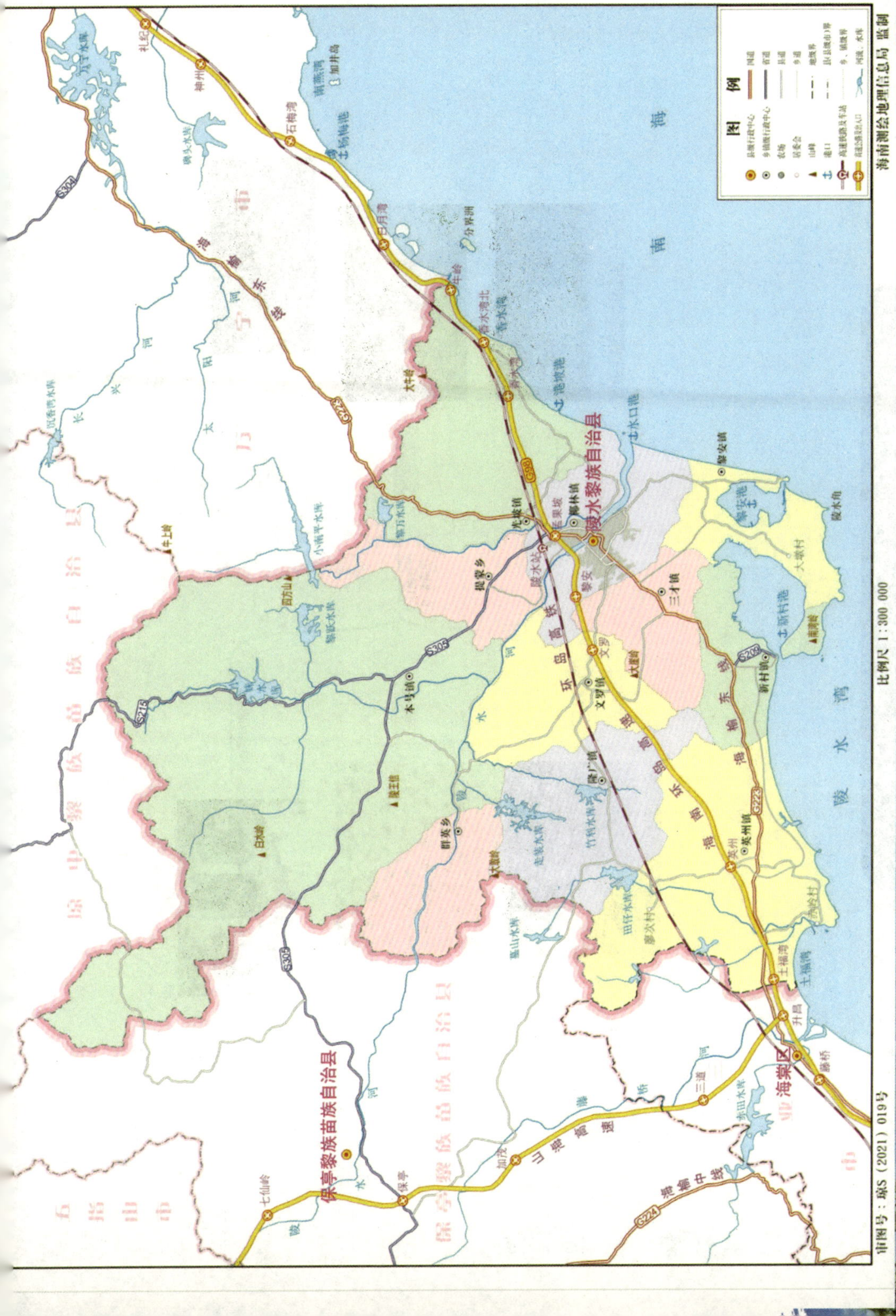

陵水黎族自治县
保亭黎族苗族自治县
海棠区
万宁市
琼中黎族苗族自治县
保亭黎族苗族自治县
三亚市
五指山市
南海
陵水湾
图例
比例尺 1:300 000
审图号：琼S（2021）019号
海南测绘地理信息局 监制
椰林镇
光坡镇
本号镇
隆广镇
英州镇
新村镇
黎安镇
文罗镇
三才镇
提蒙乡
群英乡
陵水站
海南东环高铁
海榆东线
海南环岛高速
山海高速
港榆中线
G98
G223
G224
S305
S216
S209
S304
小南平水库
牛上岭
吊罗山
白水岭
陵水角
黎安港
新村港
南湾猴岛
土福湾
香水湾
清水湾
分界洲
加井岛
石梅湾
保亭
七仙岭
加茂
三道
升昌
藤桥

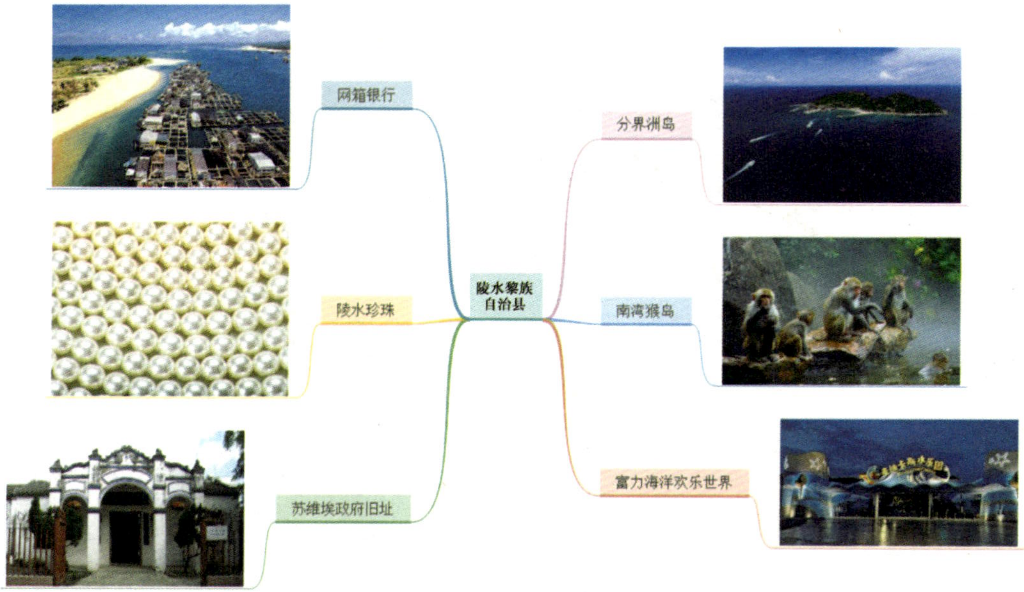
陵水黎族自治县
网箱银行
陵水珍珠
苏维埃政府旧址
分界洲岛
南湾猴岛
富力海洋欢乐世界

陵水即陵水黎族自治县（以下简称陵水），位于海南岛南部偏东，陆地面积 1100 余平方千米，2020 年常住人口 37.2 万。

著名的旅游景点有分界洲岛景区、南湾猴岛生态景区、富力海洋欢乐世界、苏维埃政府旧址、清水湾等旅游风景区。

著名的酒店有海南清水湾温德姆度假酒店、陵水碧桂园希尔顿逸林温泉酒店、陵水伯明顿酒店、海南绿城蓝湾度假酒店等星级酒店。

陵水主要以九年制义务教育学校为主。

购物可以到利达购物中心、中信香水湾购物广场等大型商超购买。

看病可以到陵水黎族自治县人民医院、陵水黎族自治县中医院等咨询医师。

陵水没有机场，动车站是陵水站。

陵水县下辖 11 个乡镇。

2021 年入选海南民营百强企业名单中，陵水暂无企业入选。

陵水历史上有黄振士、宗人弟、王瑄等著名人物。

在陵水，也有很多感人的历史故事和民间传说，比如

陵水苏维埃旧址

陵水苏维埃旧址始建于 1922 年，原为琼山会馆，1927 年，大革命失败后不久，琼崖第一个

红色政权——陵水县苏维埃政府就在此诞生，在这里重新点燃了全海南岛革命斗争的火种。

陵水珍珠

自古以来，海南岛就以盛产珍珠而出名。海南珍珠，晶莹透亮，光彩夺目，是世间瑰宝。陵水黎族自治县新村镇紧靠一个海湾，那里年平均气温 25℃，海湾内海水清澈，水中盐度和温度适宜大量浮游生物繁衍，是海南珍珠生长的理想水域。

1965 年，国家在新村镇海湾内创办了两个珍珠养殖机构，一个是当时全国规模最大的海陵珍珠养殖场，另一个是中国科学院南海水产研究所陵水珍珠养殖试验站，该站的技术具有国内一流水平。这两个机构曾培育出了成千上万颗人工海水养殖南珠。在水清浪小的新村港湾内，可见一片片井田式的“蓝色土地”。

1981 年，该场培育了一颗巨型珠，它高 19 毫米，直径 15 毫米，是特大型白蝶贝“珍珠王”，比当时世界上最大的一颗澳大利亚产珍珠还大 1 毫米，荣获国家科技进步一等奖。近几年来，新村港湾内的珍珠贝产珠特别多。工人们打开 10 个贝壳，八个贝内有珠子。这些珍珠的成色也好，一般每颗珍珠的珠层数都在千层以上。难怪有人说，新村海湾是一个巨大的聚宝盆，里面夜以继日地孕育着耀眼夺目的珍珠。

如今陵水珍珠在市场上已经创出了品牌效应，每天光顾新村镇珍珠行的客商络绎不绝。

网箱银行

陵水县新村镇海港上，渔船与渔船之间游荡漂浮着“网箱银行”，在这个银行系统里流通的不是市钞和支票，而是网箱海水里的石斑鱼、红鲅等名贵鱼类，尤以石斑鱼市场价格昂贵。

所以，琼岛群众都称其为“网箱银行”。

在海南建省之前，这儿还是一个贫困的小渔村。仅几十年间，许多原先的贫困户就富了：他们在海边盖起漂亮的小洋楼，用骑摩托车、开汽车代替了走路挑筐，那大把大把的钞票很大一部分是从那“网箱银行”提出来的。

南湾猴岛

南湾猴岛位于海南省陵水县南约 14 公里的南湾半岛，是我国也是世界上仅有的岛屿型猕猴自然保护区。岛上有热带植物近 400 种，猕猴更是达到了 2500 多只，因此人们称之为“猴岛”。

陵水怎么玩

基本概况	位置：海南岛南部偏东					
	陆地面积：1100 余平方千米					
	人口：截至 2020 年，常住人口 37.2 万人					
景点	南湾猴岛生态景区	南波湾海洋生态乐园	陵水县苏维埃政府旧址	日本军队侵陵刻石	椰田古寨景区	
	分界洲岛	富力海洋欢乐世界	琼山会馆	分界洲岛码头	吊罗山森林公园	珊瑚海
	清水湾旅游区	雅居乐 清水湾旅游度假区	土福湾	枫果山瀑布	大洞天	海豚湾
	高峰温泉	皮划艇	南平温泉	三昧寺	椰子岛	摩托艇
	海陵珍珠养殖场					

续 表

陵水怎么玩						
酒店	海南清水湾温德姆度假酒店	陵水碧桂园希尔顿逸林温泉酒店	陵水伯明顿酒店	海南香水湾富力万豪度假酒店	三亚香水湾书香海景别墅酒店	陵水清水湾曼岛海景度假酒店
	陵水香水湾阿尔卡迪亚度假酒店	海南绿城蓝湾度假酒店	陵水香水湾洲宸丽呈华廷酒店	陵水香水湾海上中国院子度假别墅	陵水温德姆花园酒店	陵水清水湾海洋之星酒店
	三亚香水湾荣逸温情酒店	三亚嘉佩乐度假酒店	海南蓝湾绿城威斯汀度假酒店	海南清水湾假日度假酒店	陵水智朗度假酒店	和颐至尚酒店（陵水椰林路店）
	海南清水湾阿罗哈海景套房度假酒店	海南雅居乐莱佛士酒店	三亚分界洲岛海钓会所	海南香水湾君澜度假酒店	陵水乐龄愉家度假酒店	海南香水湾亚朵酒店
	陵水冠军之家－伯明顿酒店	三亚清水湾云海轩酒店				
学校	陵水中学	味号初级中学	提蒙初级中学	军田初级中学	新村镇中学	北大雅乐居双语学校
	陵水民族中学	陵水蓝翔实验学校	黎安初级中学	英州初级中学	光坡初级中学	文罗初级中学
	海南陵水思源实验学校	祖关初级中学	三才中学	隆广初级中学	陵水思源实验初级中学	新村初级中学
	东华初级中学	田仔初级中学	岭门学校	南平学校	红太阳学校	

续 表

陵水怎么玩						
市场	三才集贸市场	英州镇大石农贸市场	桃万物农贸市场	本号农贸市场	五一农贸市场	清水湾南果市场
	岭门市场	陵水县海鲜市场	北斗集贸市场	桃万农贸市场	大墩农贸市场	陵水县中心农贸市场
	槟榔市场	英州农贸市场	吊罗山市场	富力湾农贸市场	陵城第二市场	新村镇市场
	丹录市场					
商场	汇丰广场	海韵广场	鹏程商场	利达购物中心	中信香水湾购物广场	永成购物中心
	五一购物中心					
医院	陵水黎族自治县人民医院	南平医院	岭门医院	陵水黎族自治县妇幼保健院	陵水友好医院	陵水黎族自治县中医院
机场						
火车站 / 动车站	陵水站					

续 表

陵水怎么玩						
港口码头	新村港	黎安港	水口港	山中港	港坡港	
重要基地						
2021 年入选海南民营百强企业名单						
工厂	三才石厂	水产加工厂	泡沫包装箱厂	陵水黎族自治县食品公司椰林屠宰场	门窗加工厂	桃园砖厂
历史人物	黄振士	宗人弟	王瑄			
管辖区镇	椰林镇	英州镇	隆广镇	光坡镇	黎安镇	群英乡
	新村镇	本号镇	三才镇	文罗镇	提蒙乡	
特别节日	“三月三”					
夜市	新村镇夜市					
特色美食	陵水酸粉	琵琶蟹	鸡腿螺	圣女果	光坡阉鸡	提蒙鸭
	文罗鹅	山兰酒	三色饭	气鼓鱼粥	三点蟹	椰香牛
特色工艺	织锦	陵水珍珠	银饰			
总领事馆						

海南省地图（政区版）

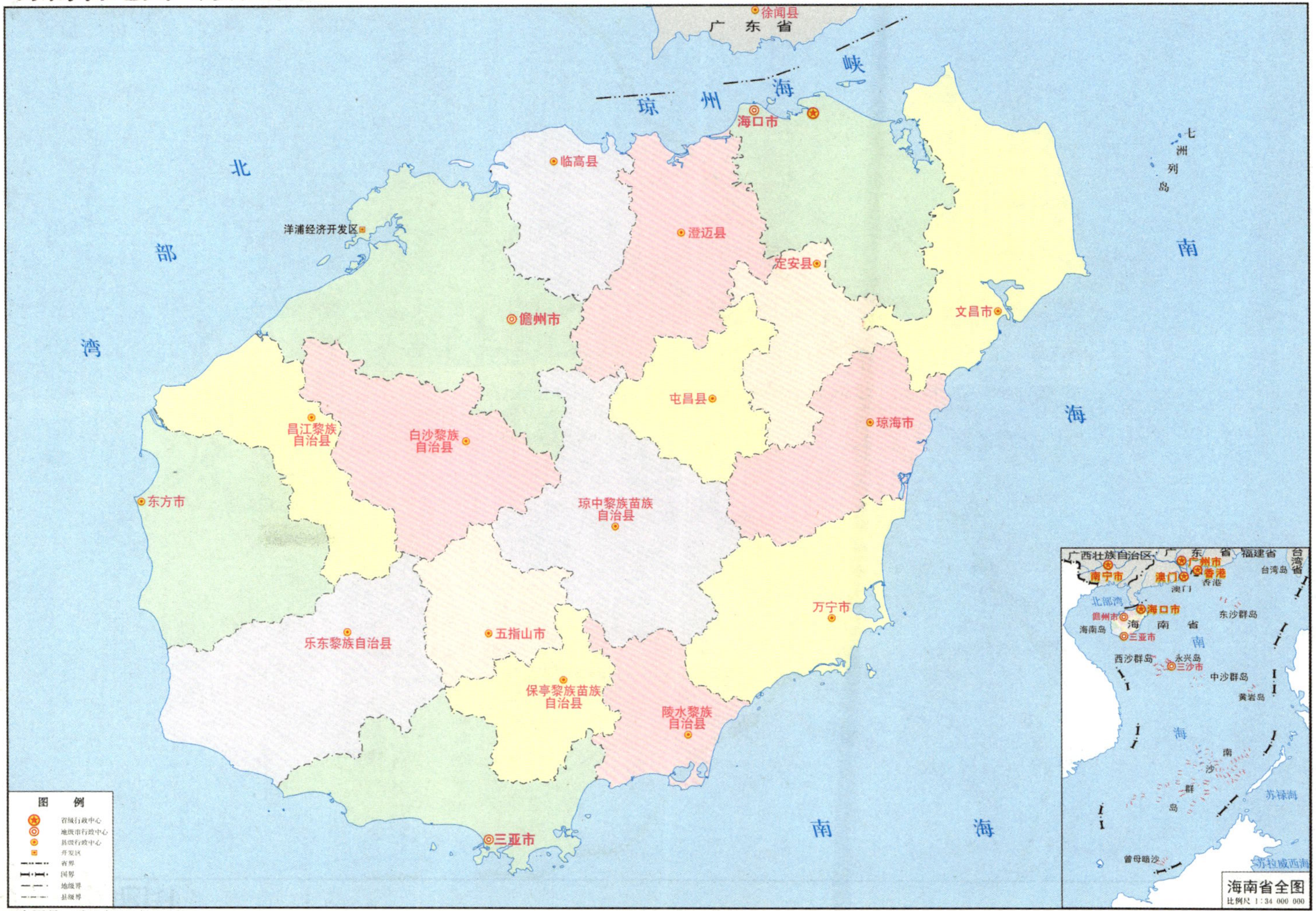

审图号：琼S（2021）115号

比例尺 1:1400 000

海南测绘地理信息局 监制

万宁市地图

椰岛攻略——海南一本通

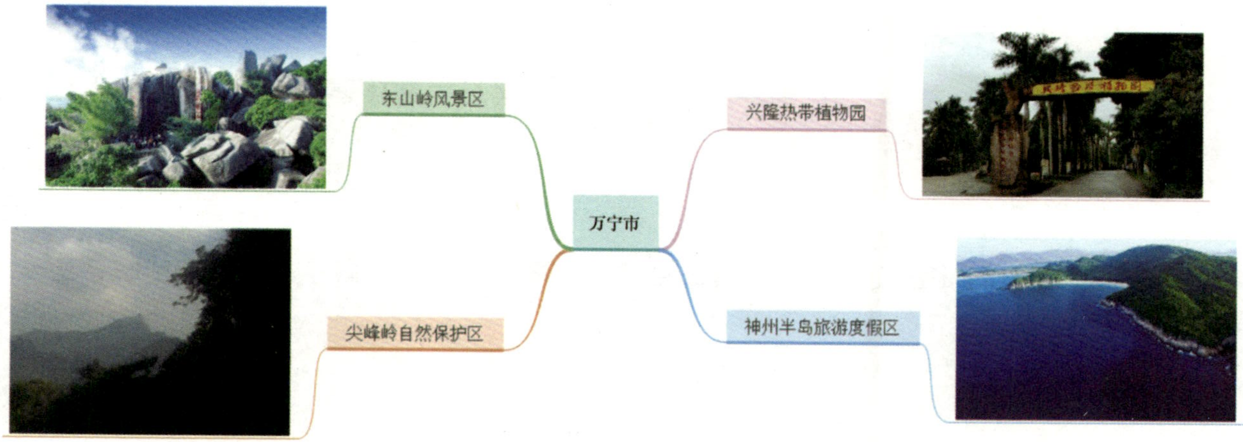
万宁市
东山岭风景区
尖峰岭自然保护区
兴隆热带植物园
神州半岛旅游度假区

万宁市（以下简称万宁），位于海南岛南部偏东，陆地面积 1883.5 平方千米，2020 年常住人口 63.27 万。

著名的旅游景点有兴隆热带植物园、神州半岛旅游度假区、尖峰岭自然保护区、东山岭风景区等旅游景点。

著名的酒店有万宁石梅湾威斯汀度假酒店、万宁神州半岛福朋喜来登酒店、海南兴隆希尔顿逸林滨湖度假酒店等。

万宁主要以九年制义务教育学校为主。

购物可以到万宁文化商业广场和华亚欢乐城等大型商超购买。

看病可以到海南省万宁市人民医院和万宁市中西医结合医院等咨询医师。

万宁没有机场，动车站有万宁站和神州站。

万宁市辖 12 个镇和 2 个农场。

2021 年入选海南民营百强企业名单中，万宁有海南口味王科技发展有限公司、海南宏基晖建筑工程有限公司、海南嘉地置业有限公司等 3 家企业入选。

万宁历史上也出现不少知识分子，如杨景山、廖纪等，还有近代革命先烈。

英雄花的故事

万宁的木棉花红艳艳的，相传有位黎族英雄吉贝，为抗击异国侵略者英勇献身，敌人把他缚在大树上杀害时，他的鲜血化作红艳艳的花朵，在大树上绽放。从此，人们称那树为英雄树，树上的花称为英雄花，即木棉花。

东山岭的传说

东山岭位于万宁市东边，整座岭就像块大石头，据说电视连续剧《红楼梦》(1987年版)每集片头都有一块“飞来石”立于山巅之上，而这块飞来石就出自海南岛东山岭。东山岭饲养的东山羊，也是海南四大名菜之一。

万宁舞狮队

每年正月初四到十五,万宁的舞狮队便出来拜年，到处都是锣声、鼓声、鞭炮声。万宁的舞狮队到每个村每个镇轮流表演，“狮子”舞到哪里，人群就围到哪里。

万宁怎么玩						
基本概况	位置：海南岛南部偏东					
	陆地面积：1883.5 平方千米					
	人口：截至 2020 年，常住人口 63.27 万人					
景点	兴隆热带植物园	东山岭风景区	巴厘村景区	万宁市革命烈士陵园	兴隆热带花园	石梅湾
	三角梅主题公园	神州半岛沙滩俱乐部	兴隆温泉公园	石梅湾度假区	海南兴隆华侨国家森林公园	万宁市人民公园
	兴隆亚洲风情园	海南特色药园区	咖啡谷	兴隆热带农业观光园	加井岛	神州半岛旅游度假区
	热带雨林	基督教南桥堂	海南昊天艺术博物馆	六连岭烈士陵园	六连岭	尖岭森林自然保护区
	日月湾海门旅游区	王氏宗祠	兴隆华侨橡胶博物馆	兴隆基督教堂		

续 表

万宁怎么玩						
酒店	万宁石梅湾威斯汀度假酒店	万宁神州半岛福朋喜来登酒店	万宁神州半岛喜来登度假酒店	万宁依云华美达温泉度假酒店	海南伴山伴海酒店	万宁椰林渔舍酒店
	万宁迎宾馆	海南兴隆希尔顿逸林滨湖度假酒店	万宁神州半岛朝林松源酒店	万宁老榕树酒店	万宁希尔悦智慧酒店	万宁遇悦精品酒店
	海南康乐园海航度假酒店	海南石梅湾艾美度假酒店	万宁隐沫度假酒店	万宁中奥温泉度假酒店	金石商务酒店（万宁奥特莱斯店）	万宁万旭・御景酒店
	万宁柏富莱酒店	佳捷精品酒店（万宁高铁站店）	万宁兴兴华侨酒店	万宁神州全城客栈	森林客栈（万宁日月湾冲浪店）	万宁东澳印象风情酒店
	万宁同发温泉大酒店	万宁皇旗大酒店	万宁喜悦酒店	万宁君和公寓	万宁兴隆温泉宾馆	好地方度假公寓（万宁石梅湾店）
	艾豪公寓（万宁神州半岛店）	万宁银湖酒店	万宁吉森温泉养生酒店	万宁兴隆金海湖温泉度假酒店	万宁印象鲸品酒店	万宁瑞思坤度假公寓
	万宁锦时欢聚青年旅舍	万宁龙之舟海洋民宿	万宁阿拉莫纳酒店	万宁新惠康假日酒店	逸海公寓酒店	欢墅・精品度假别墅（万宁石梅春墅店）
	万宁观海漯海湾度假公寓					

续　表

万宁怎么玩						
学校	万宁中学	北坡中学	礼纪中学	山根中学	南桥中学	后安中学
	万宁市第二中学	万宁市民族中学	荣兴中学	大茂中学	北大中学	礼纪心中学校
	万宁市第三中学	长丰中学	万宁市华侨中学	东澳中学	乐来中学	龙滚中心学校
	大茂镇中心学校	万一中心学校	东澳中心学校	三更罗中心学校	南桥中心学校	后田中心学校
	万城镇中学	长丰中学	万宁市大同中学	三更罗中学	禄马中学	乐来中心学校
	牛漏中心学校					
市场	光明市场	万城第三市场	万宁市槟榔市场			
商场	万宁文化商业广场	国美电器	万宁海发电器商场	侨隆商业广场	浙百惠购物中心	佳润超市
	大红商场	万兴商场	万海国际商业广场（即将开业）	焕发商场	万安综合商场	万洲商业广场
	华亚·欢乐城					

续　表

万宁怎么玩						
医院	海南省万宁市人民医院	万宁广仁医院	海南省农垦东和农场医院	东兴医院	万宁市妇幼保健院	万宁中西医结合医院
	万宁市中医院					
机场						
火车站 / 动车站	万宁站	神州站				
港口码头	华润石梅湾国际游艇码头	港北渡口	盐墩渡口	荷塘码头	小城海港	渔人码头
重要基地						
2021 年入选海南民营百强企业名单	海南口味王科技发展有限公司	海南宏基晖建筑工程有限公司	海南嘉地置业有限公司			

续 表

万宁怎么玩						
工厂	先锋工厂	实木拼板工艺厂	中央坡煤球厂	水声机砖厂	羽绒厂	砖厂
	李宁工厂店	砖厂	南林农场橡胶总厂	恒发虾苗孵化厂	机械厂	槟榔厂
	木雕工厂	塑料加工厂	床垫厂	木材厂	太阳河咖啡厂	新兴国际钢筋加工厂
	乌场冷冻厂	环保水泥液压机砖厂	乌隆发制冰厂	绿海制冰厂	印刷厂	菠萝包装厂
	兴隆华侨温兴咖啡厂	泡沫加工厂				
历史人物	杨景山	廖纪	黄会聪	熊侠	蔡士英	
管辖区镇	万城镇	龙滚镇	和乐镇	后安镇	大茂镇	东澳镇
	礼纪镇	长丰镇	山根镇	北大镇	南桥镇	三更罗镇
	兴隆华侨农场	地方国营六连林场				

续 表

万宁怎么玩						
特别节日	文灯节（孔明灯）					
夜市	东城夜市	仙河步行街				
特色美食	万宁东山羊（海南四大名菜之一）	兴隆咖啡	万宁柠檬	万宁槟榔	万宁金椰子	
特色工艺	万宁大茂竹编					
总领事馆						

海南省地图（政区版）

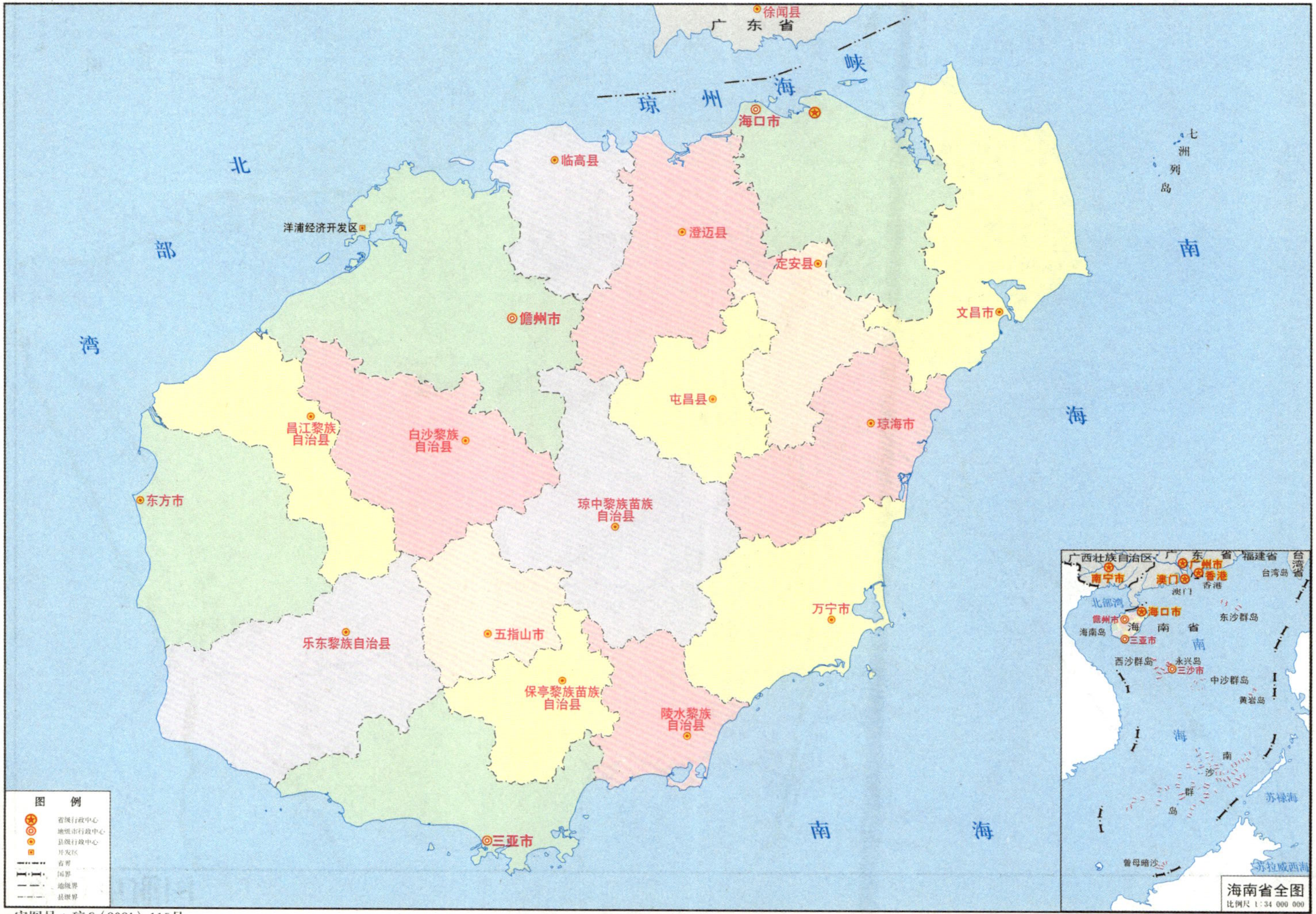

审图号：琼S（2021）115号

比例尺 1:1400 000

海南测绘地理信息局 监制

琼海市地图

琼海市
屯昌县
嘉积镇
琼海站
博鳌站
塔洋镇
大路镇
长坡镇
潭门镇
博鳌镇
中原镇
万泉镇
石壁镇
龙江镇
阳江镇
会山镇
南海
正门海
龙湾港
潭门港
博鳌港
南扶水库
文岭水库
陈占水库
石合水库
台水水库
红岭水库
牛路岭水库
海榆东线
海南环岛高速
海榆中线
中线高速
万洋高速
文琼高速
环岛高铁
万泉河
九曲江
定安河
梅子岭
分界岭
雷柏岭
南吕岭
大岭
寨门岭
山猪岭
会文
冯家湾
长坡
龙湾
东红
黄竹
琼海
白石岭
万泉河
机场
中原
龙滚
东岭
会山
乌坡
屯昌
坡心
枫木
博文村
东太居
上科村
文昌市
定安县
屯昌县
澄迈县
万宁市
琼中黎族苗族自治县
图例
县级行政中心
乡镇级行政中心
农场
居委会
行政村
山峰
机场
港口
普通铁路
高速铁路及车站
河流、水库
高速公路及出入口
国道
省道
县道
乡道
县(县级市)界
乡、镇级界

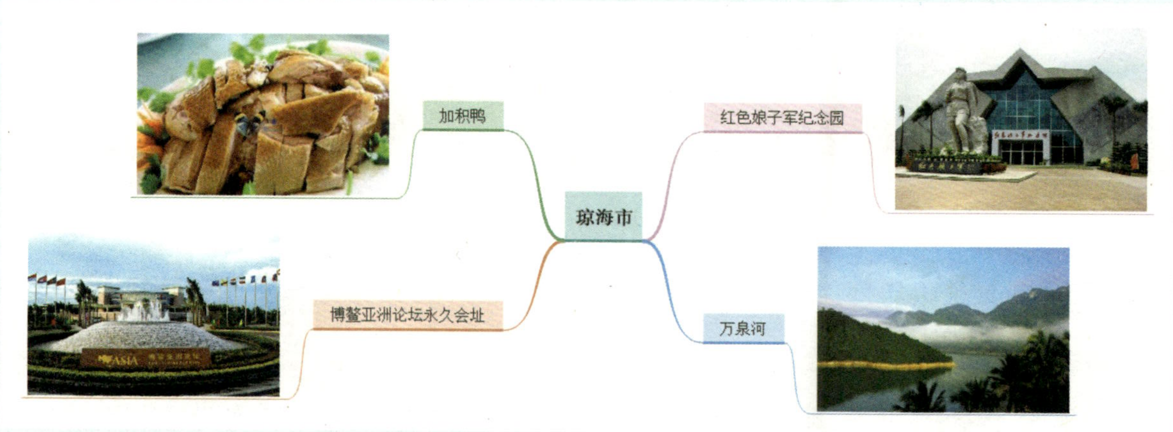
琼海市
加积鸭
博鳌亚洲论坛永久会址
红色娘子军纪念园
万泉河

琼海市（以下简称琼海），位于海南岛东部，陆地面积 1710 平方千米，2020 年常住人口 52.8 万。

著名的旅游景点有红色娘子军纪念园（纪念碑）、万泉河（峡谷）、博鳌亚洲论坛永久会址。

著名的酒店有琼海博鳌道纪海景大酒店、博鳌国宾馆、琼海博鳌佰悦湾真如酒店等。

琼海的学校除了海南软件职业技术学院等少数高等学校外，主要以九年制义务教育学校为主。

购物可以到环球春天广场、宝真购物广场等大型商超购买。

看病可以到琼海市中医院、博鳌医院、博鳌国际医院、博鳌超级医院等医院咨询医师。

琼海有博鳌国际机场，动车站有琼海站和博鳌站。

琼海下辖 12 个镇，5 个居，1 个专属经济区（华侨农场）。

2021 年入选海南民营百强企业名单中，琼海有海南一龄医疗产业发展有限公司一家公司入选。

琼海历史上有红色娘子军、王文明等重要历史人物。

万泉河

万泉河是海南岛第三大河，传说很久以前，一群魔鬼常在海南岛中部作恶为患，百姓不堪其苦，日夜哭泣。最后哭声感动了天界神仙，于是仙人们把百姓的眼泪变成了万股泉，汇成滔滔大

河，瞬间把所有的魔鬼都淹没而冲进大海。从此，海南土地上的万民安居乐业，而那条众人眼泪汇成的河便被称作万泉河。

万泉河的上游有一个“仙女洞”，位于石壁间。相传一位天宫仙女下凡人间，在白石岭偶遇英俊的青年猎手阿贵，两人一见钟情。后来仙女托梦给阿贵，约他七夕在山顶石洞相会。

阿贵依时赴约，俩人相互倾吐爱慕之情，当晚就在石洞里成了亲。婚后，男耕女织，过着美满生活……

万泉河的中游，盛产一种“番鸭”，相传是300多年前由华侨从马来西亚引进的良种鸭，叫“加积鸭”，是海南四大名菜之一。

红色娘子军

抗日战争期间，琼海妇女同志不怕吃苦，积极肯干。为了发扬妇女同志英勇参加革命的精神，鼓励妇女同志更进一步参加革命斗争，响应她们积极参加武装、拿枪杀敌的强烈要求，冯白驹便决定组织娘子军——时间是在1931年5月，地址在海南琼海加荣村（今海南琼海加任村）。

娘子军第一任连长庞琼花，指导员是王时香，红色娘子军同时还有一个“共母”的称号。人们为了纪念红色娘子军，在琼海博鳌设立了红色娘子军纪念园，还做了红色娘子军的雕像，永远铭记她们。

橡胶林特战部队

除了红色娘子军，海南万泉河还有一支特种部队，那就是林一师橡胶林特战部队。20 世纪 50 年代初的橡胶大会战中，海南垦区大面积种植橡胶所需要的宝贵种子，就是从海南华侨胶园的橡胶母树上，由林一师 7000 多名官兵传播到中国华南大地的。

当时的口号是“一粒种子、一两黄金”。

关于当年采集种子，陈金照的故事最让人念念不忘。1952 年 9 月某一天，在一个叫合水口的地方，陈金照刚刚走到河边，就瞧见河面上奔涌着滚滚浊流，浮在河心的一段半径有半米粗的大木头，被急流推涌着像离弦的箭一般飞驰而过，一眨眼就消失在下游的方向。

“是山洪暴发了！”背着一筐胶籽的陈金照不由得心里一紧。当时天已下起大雨，万泉河上游的天空乌云翻滚，不时传来隆隆雷声。没想到山洪来得这么快，一下子狂暴地覆盖住了万泉河岸线柔美的河面。

这筐胶籽是必须在天黑前送过河去的，因为团部的种子转运站在河对岸。部队规定每天采集到的胶籽必须当天送到那里。即使没有这个规定，战士们也会这样做，他们都知道任务的紧迫性。

为了赶上橡胶种植季节，送到转运站的胶籽都是连夜集中送到海南垦殖分局，然后再用汽车或飞机急运到华南垦殖区的各个橡胶育苗基地的。今天的这筐胶籽，陈金照觉得更耽误不得。它们淋了雨水，若今晚不送过河去，当天发不走就得多待一天，得不到及时处理的胶籽就有可能变质。

他往河对面望去，那只拴在岸边的渡河小船在湍急的水浪中晃荡，岸上不见一个人影。显然，不能指望坐船渡河了。

他早上就是坐那只船过来的。他当时又患了感冒还没好，指导员本来是让他好好休息，可是打了针吃过药后，他躲过卫生员的“监视”，还是偷偷过河采胶籽来了。这筐胶籽，是全班战士一天的战果。他自告奋勇把全班采的胶籽收集起来送往团部转运站。他见天色尚早本想多捡一点胶籽就继续在胶林逗留，要是早个把小时上路就不会被山洪阻隔在河边。雨还在下，陈金照面对滚滚河水思忖了一会儿。看来，要把这筐胶籽及时送到转运站，唯一的办法是游水过河。他脱下上衣，把它盖在箩筐口上，包了个严严实实，起身迎河走去……

最后的场面是悲壮的。

战友们没见到陈金照归队，全连官兵打着火把在伸手不见五指的夜幕里沿河搜索了整整一夜。第二天上午，战友们在山洪消退了的河边找到了陈金照的鞋子和带有血痕的军帽。

陈金照静静地蜷伏在离渡河处下游不远的沙滩上。他的躯体已不再鲜活，他的生命却走向了永恒。那个箩筐仍然驮在他背上，里面的橡胶籽也一颗没丢。

琼海怎么玩						
基本概况	位置：海南岛东部					
	陆地面积：1710 平方千米					
	人口：截至 2020 年，常住人口 52.8 万人					
景点	红色娘子军纪念园	博鳌亚洲论坛永久会址景区	玉带滩	万泉河峡谷	白石岭风景区	南天圣娘庙
	亚洲湾水上乐园	门山园多河文化谷	博鳌亚洲风情广场	妈祖庙	博鳌水城	红色娘子军成立地址
	王文明故居	鳌强万泉河漂流	博鳌禅寺	博鳌东方文化苑	周士第将军纪念馆	万泉湖景区
	万泉河浏览区	海南博鳌水城旅游景区	红色娘子军雕塑	城隍庙	南堀庙	嘉积基督教堂
	万泉河水上人家	龙寿洋儿童游乐园				

续 表

琼海怎么玩						
酒店	琼海博鳌道纪海景大酒店	琼海博鳌亚洲湾国际大酒店	琼海博鳌乐城逸和康养度假酒店	琼海博鳌亚洲湾沐屿度假酒店	琼海博鳌蔚蓝海岸海景度假公寓	琼海博鳌亚洲湾度假酒店
	博鳌国宾馆	博鳌亚洲论坛东屿岛大酒店	琼海博鳌亚洲湾颐园度假酒店	琼海高铁站希尔顿欢朋酒店	琼海博鳌和悦酒店	琼海博鳌华美达酒店
	琼海博鳌佰悦湾真如酒店	琼海博鳌亚洲论坛金海岸大酒店	琼海四季春天酒店	皇马假日大酒店（琼海万泉河店）	琼海宝莱鸿运大酒店	琼海博鳌亚洲湾玖号海景度假公馆
	琼海博鳌悦海度假别墅	琼海金贸大酒店	琼海阳光亿壕酒店	森林客栈（琼海万泉河店）	琼海博鳌斯维登度假公寓（亚洲湾）	
	琼海官塘温泉休闲中心	琼海博鳌亚洲湾艾遇公寓	琼海皇家骑士万泉度假酒店	琼海中源瑞君酒店	琼海嘉悦酒店	琼海仙贝传奇海洋主题客栈
	琼海博鳌海岛森林海景酒店	白玉兰酒店（琼海万泉河爱华路店）	泰美国际精品酒店（琼海银海路店）	琼海泰和智能酒店	椰风金隆酒店（琼海银海路旗舰店）	琼海金银岛大酒店
	琼海博鳌金湾康斯宾悦度假酒店	小鹿辰客精品酒店（琼海杂粮街店）	琼海宏达大酒店	麗枫酒店（琼海博鳌店）	维也纳智好酒店（琼海博鳌店）	琼海无所归止民宿

续 表

琼海怎么玩						
景点	琼海米隆庄园艾康尼克度假酒店	维也纳酒店（琼海银海路店）	维也纳国际酒店（琼海振海路店）	琼海兆南山水汇园酒店	琼海博鳌亚洲湾九洲洋海景度假公馆	博鳌悠然椰林度假公寓（琼海博鳌碧桂园店）
	琼海官塘假日度假酒店	琼海小鹿辰客度假酒店	宜尚酒店（琼海万泉河店）	琼海睿园精品设计度假民宿	琼海颐养居商务酒店	琼海博鳌海豚湾空中海景公寓
	琼海槟榔里民宿	巴亚度假公寓（琼海龙潭岭店）				
学校	海南软件职业技术学院	石壁中学	潭门中学	长江学校	琼海市职业中专学校长坡村委会教学点	琼海华侨中学
	海南省农村致富技术函授大学（琼海分校）	琼海市嘉积第三中学	琼海市王文明中学	九曲江中学	东红中学	北京市海淀外国语实验学校（海南校区）

续　表

琼海怎么玩						
学校	天来泉老年大学	温泉中学	琼海市大路中学	烟塘中学	琼海市职业中专学校联先教学点	新华上车岭学校
	海南广播电视大学琼海远程教育学院	万泉中学	琼海市民族中学	琼海市塔洋中学	海南海淀外国语实验学校	琼海善集中学
	嘉积中学	桥头学校	龙江华侨中学	会山苗族中学	华侨中学	琼海长坡中学
	朝阳中学					
市场	博鳌菜市场	中原市场	东平市场	博鳌农贸市场	长坡市场	
商场	免税店	国美电器	南宝商场	明龙商业广场	琼海嘉积锦璜建材商场	商贸综合广场
	宝真购物广场	海庆购物中心	银隆城	宝睿华商业广场	琼海亿家商场	源商业大厦
	苏宁易购	东旭电器商场	永发购物中心	旺旺商场	环球春天广场	duty free 免税店
	海南特产购物广场	华晟广场	华峰家私商场	南门商业广场	旧货商场	东宫商城

续 表

琼海怎么玩						
医院	琼海市中医院	博鳌医院	博鳌国际医院	海南农垦东红农场医院	东太医院	琼海市人民医院
	琼海华侨医院	琼海市中西医结合医院	博鳌超级医院	琼海市妇幼保健院	中国干细胞集团附属干细胞医院	琼海市人民医院社区医疗服务中心
	博鳌恒大国际医院	阳江中心卫生院（琼海市王文明中学）	东升医院			
机场	琼海博鳌国际机场					
火车站/动车站	琼海站	博鳌站				
港口码头	龙湾港	谭门渔港				
重要基地	博鳌亚洲论坛会议中心					

续 表

琼海怎么玩						
2021年入选海南民营百强企业名单	海南一龄医疗产业发展有限公司					
工厂	印刷厂	琼海市肉联厂	宏达冷冻厂	帆布加工厂	福大复合肥料厂	太阳饮料厂
	纯净水厂	谷升机械厂	中铁四局海南东环铁路项目经理部材料厂（琼海分厂）	三龙纸箱厂	利发橡胶厂	泡沫包装制品厂
	水泥制品厂	中原红砖厂	水泥压力水管厂	康记米粉加工厂	琼海教育服装厂	琼海长坡琼青琼脂厂
	海南省地方国营琼海市食品厂	琼海市制梁厂	混凝土砌块厂	福石岭煤球厂	中原昌利纸品厂	瑞新钢化玻璃厂
著名人物	红色娘子军	黄可久	王宗佑	周士第	王兴瑞	吴仁光
	王文明	王书茂	杨善集	马润通	王绍经	
管辖区镇	嘉积镇	万泉镇	长坡镇	大路镇	阳江镇	石壁镇
	博鳌镇	潭门镇	塔洋镇	中原镇	龙江镇	会山镇
特别节日	“三月三”	军坡节	“七月半”（鬼节）			

续 表

琼海怎么玩						
夜市	琼海666夜市(万泉河广场)					
特色美食	加积鸭(海南四大名菜之一)	万泉鲤	琼脂	莲子	椰子船	"芳"
	薏粑					
特色工艺/风情	琼海民歌	南汉草席	看莱竹笠	礼都陶瓷	参古竹器	礼陶砖瓦
	千秋八仙桌					
总领事馆						

海南省地图（政区版）

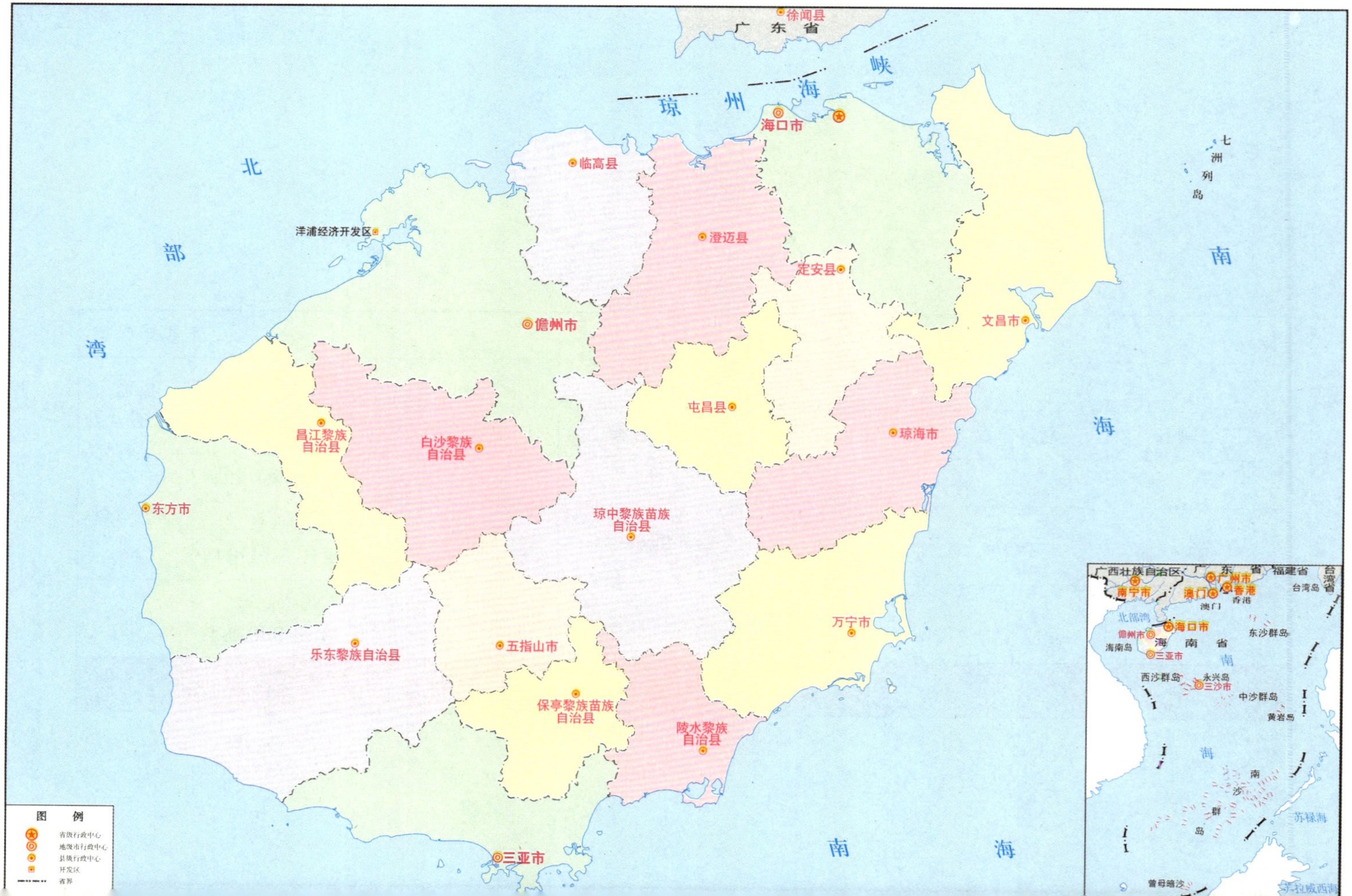

徐闻县
广东省
琼州海峡
海口市
临高县
澄迈县
定安县
文昌市
七洲列岛
儋州市
洋浦经济开发区
北部湾
南海
屯昌县
琼海市
昌江黎族自治县
白沙黎族自治县
东方市
琼中黎族苗族自治县
万宁市
乐东黎族自治县
五指山市
保亭黎族苗族自治县
陵水黎族自治县
三亚市
图例
省级行政中心
地级市行政中心
县级行政中心
开发区
省界
广西壮族自治区
广东省
福建省
台湾省
台湾岛
南宁市
广州市
澳门
香港
北部湾
海口市
儋州市
海南岛
海南省
三亚市
东沙群岛
西沙群岛
永兴岛
三沙市
中沙群岛
黄岩岛
南沙群岛
苏禄海
曾母暗沙

文昌市地图
审图号：琼S（2021）009号
比例尺 1:400 000
海南测绘地理信息局 监制
图例
文昌市
琼州海峡
南海

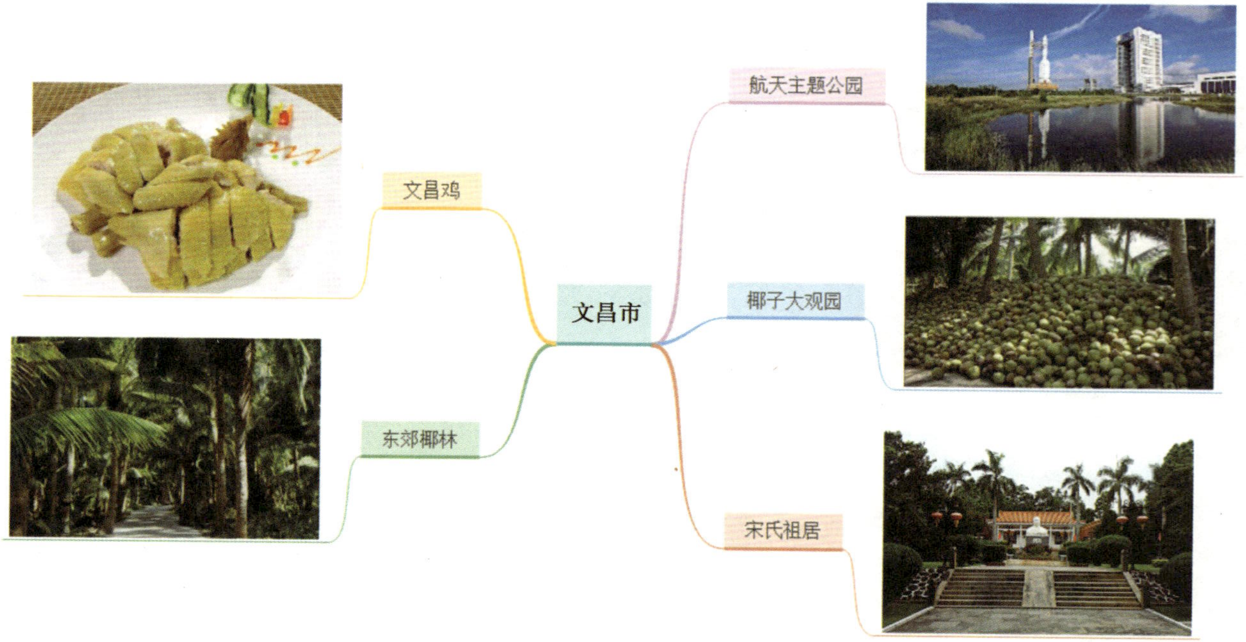
文昌市
文昌鸡
东郊椰林
航天主题公园
椰子大观园
宋氏祖居

文昌市（以下简称文昌），位于海南岛北部偏东，陆地面积 2488 平方千米，2020 年常住人口 56.08 万。

著名的旅游景点有航天主题公园、椰子大观园、宋氏祖居、东郊椰林等旅游景点。

著名的酒店有文昌南国温德姆花园酒店、文昌金石国际大酒店、文昌维嘉国际大酒店等。

文昌不仅有海南外国语职业学院等高等院校，还有文昌中学等多所九年义务教育学校。

购物可以到文城第一市场、第二市场、第三集贸市场等农贸市场，以及宝安商业广场等大型商超。

看病可以到文昌市人民医院、文昌市宋庆龄妇幼保健院、文昌中医院等医院咨询医生。

文昌没有机场，动车站有文昌站。

文昌下辖 17 个镇。

2021 年入选海南民营百强企业名单中，文昌有海南勤富实业有限公司、海南歌颂饲料有限公司、海南传味文昌鸡产业股份有限公司、海南春光食品有限公司、文昌市歌颂畜禽发展有限公司共 5 家企业入选。

文昌历史上有：张云逸、宋庆龄、云广英、陈策、宋美龄、宋子文等著名人物。

文昌人祭月

文昌是海南省拥有海外华侨和现有归侨人数最多的城市之一。过去数百年间，文昌一直和贫穷为伴，数不清的文昌儿女被迫背井离乡，渡海去异国谋生。每年中秋，仍留在文昌的人就格外怀念海外亲人，他们举行各种仪式表达自己的思念之情。比如，拜月、祭月、月亮浮针、岭峰观月、天灯迎月等活动。

文昌卫星发射中心

海南文昌卫星发射中心成为继酒泉、太原、西昌之后我国又一个卫星发射中心。

为什么把海南文昌作为新的卫星发射中心的建设地呢？原因在于海南是我国陆地纬度最低、距离赤道最近的地区。从火箭发射的要求来说，火箭发射场距离赤道越近、纬度越低，发射卫星时就越可以尽可能利用惯性产生的离心现象，因此发射所需的能耗较低，使用同样燃料可以达到的速度也越快。根据相关研究得出的结论是，在海南发射地球同步卫星比在西昌发射火箭的运载能力可以提高 10%~15%，卫星寿命可以延长 2 年以上。另外，其发射方向 1000 公里范围内是茫茫大海，因此火箭坠落的残骸不会造成意外伤害。

海南文昌鸡

海南文昌鸡是海南四大名菜之一，在国外也很受欢迎，如泰国、新加坡、马来西亚等国，当地人很喜欢这种文昌鸡饭。

文昌怎么玩						
基本概况	位置：海南岛北部偏东					
	陆地面积：2488 平方千米					
	人口：截至 2020 年，常住人口 56.08 万人					
景点	椰子大观园	宋氏祖居	航天主题公园	东郊椰林	八门湾国家海上森林公园	海南铜鼓岭国家级自然保护区
	高隆湾	白金海岸	月亮湾	八门湾绿道	铜鼓佛光寺	陈策将军祖居
	孔庙	石头公园	文昌市博物馆	后港湾	春光椰子王国	文昌公园

续 表

文昌怎么玩						
景点	伏波庙	侏罗纪娱乐园	云龙湾海底自然公园	符克烈士园	昌洒人民革命纪念馆	祝嘉故居
	木兰湾	七星岭斗柄塔	胜利街骑楼老街	文南路骑楼老街	文昌侨乡文化风情小镇	七洲列岛
	抱虎岭	冯家湾	海底村庄地震遗址	会文古十八行村	蔚文书院（文昌中学）	潮滩鼻风车海岸
	郭母李太夫人王夫人纪念亭（文昌公园）	松树大屋符家宅	韩家宅	象山回龙寺	欧村林家宅	白廷中山公园
	名人山白鹭湖鸟类自然保护区	约亭	邢宥纪念馆	张云逸纪念馆	溪北书院（文北中学）	竹土良桥战斗纪念亭
	三圣庙	文城三古（文庙、虎拉、攻关桥）	航天科普馆	陈策将军祖居	文南老街	黄氏大宗祠
	凤鸣遗址	基督教会				

续 表

文昌怎么玩						
酒店	文昌南国温德姆花园酒店	文昌金石国际大酒店	文昌维嘉国际大酒店	文昌温德姆至尊豪廷大酒店	文昌鲁能希尔顿酒店	文昌逸龙湾度假公寓
	文昌正商红椰湾京伦酒店	文昌红树湾酒店	文昌兆壮酒店	文昌凤凰城大酒店	文昌山屿海康养观澜湾海景酒店	白云酒店（文昌中学店）
	文昌维嘉商务酒店	时光印主题连锁酒店（文昌航天城店）	时光印精选酒店（文昌公园店）	航天椰林湾酒店	文昌斯维登度假公寓（蝶恋海）	文昌白金海岸·侨园我家酒店公寓
	文昌月亮湾元生态酒店	文昌美林假日酒店	城市精选酒店（文昌凤凰城店）	金石商务酒店（文昌高隆湾旅游度假区店）	文昌S特色美居酒店	文昌康嘉逸居椰乡园酒店
	归园田侨舍智慧酒店（文昌中学店）	花筑·文昌铜鼓岭海暇民宿	文昌天福云龙湾度假村	拜登公寓·文昌雅居乐月亮湾店	文昌皇马假日天成大酒店	文昌典雅湾商务酒店
	文昌航天城大酒店	文昌君泰来酒店	文昌椰韵民宿	文昌沃德本生度假酒店	花筑·文昌远方水舍民宿	文昌恒昌月亮湾酒店
	海南百莱玛度假村					

续　表

文昌怎么玩						
学校	海南外国语职业学院	文昌市蓬莱中学	海南现代科技职业学校	罗峰中学	东郊中学	侯夫中学
	海南广播电视大学	文昌中学	文昌华侨中学	启智中学	文昌市中等职业技术学校	翁田中学
	海南现代汽车技术学校	文东中学	文昌市第三中学	文北中学	锦山中学	湖山中学
	文昌市橡胶研究所学校	联东中学	海之南外国语实验学校	仙林中学	文昌清澜实验学校	琼文中学
	海南电视大学文昌分校	龙马中学	文南中学	新桥中学	文昌中学（联东分校）	宝芳中学
	文昌教师进修学院	文昌孔子中学	罗豆中学	文昌实验高级中学	迈号中学	头苑中学
	龙楼中学	文西中学	冯平学校	文昌市公坡中心学校	公坡中学	文昌田家炳中学

续 表

文昌怎么玩						
学校	文昌市特殊教育学校	冯坡中学				
市场	文城第一市场	诒喜市场	文昌市人力资源市场	农贸市场	水涯菜市场	罗豆集贸市场
	海鲜市场	东阁市场	龙楼集贸市场	航天集贸市场	清澜菜市场	湖山农贸市场
	会文佛珠交易市场	第二市场	南海农贸市场	旭升市场	铺前农贸市场	东路农贸市场
	东郊集贸市场	文城第三集贸市场	迈号农贸市场	冯坡农贸市场	新桥农贸市场	教师村海鲜市场
	石玉综合市场	高隆湾农贸市场	紫贝岭菜市场	锦山农贸市场		
商场	文昌宝安商业广场	恒兴商业城	源裕隆商场	文城五金电器商场	恒兴商场	苏宁易购
	业发商场	家乐发超市	文昌红宝商业广场（即将开业）	国美电器	百佳汇购物中心	金山广场
	亿嘉百货	文昌华侨家电商场	兴发商场			

续 表

文昌怎么玩						
医院	文昌市人民医院	文昌市宋庆龄妇幼保健院	侨兴医院	海南省文昌市文城镇卫生院（清澜分院）	文昌现代医院	新博爱医院管理集团文昌机构
	文昌中医院	文昌市中医院（清澜分院）	康华医院	文城镇卫生院（迈号分院）	文教华侨医院	南阳华侨医院
机场						
火车站/动车站	文昌站					
港口码头	清澜港	铺前港	环球码头			
重要基地	航天发射基地					
2021年入选海南民营百强企业名单	海南勤富实业有限公司	海南歌颂饲料有限公司	海南传味文昌鸡产业股份有限公司	海南春光食品有限公司	文昌市歌颂畜禽发展有限公司	

续　表

文昌怎么玩						
工厂	粤海实木工厂	童装工厂店	水泥围栏厂	佛珠加工厂	通信电缆厂	海南省海运总公司铺前船厂
	永恒蛋糕工厂	工艺品厂	琼文歌颂饲料厂	东郊椰子活性炭厂	昌荣铸造厂	文昌铺前宏达生冷冻厂
	家具工厂店	文昌会文鸿福精工佛珠厂	琼岛咖啡综合厂	文星电线厂	友谊家具厂	海南永青包装公司
	潭牛文昌鸡孵化厂	冷冻厂	饲料加工厂	梅园榨花生油厂	木材加工厂	精致红木家具厂
	文昌市清澜钛厂					
历史人物	张云逸	宋庆龄	云广英	宋霭龄	郑介民	郑庭笈
	陈策	宋美龄	宋子文	冯平	陈序经	
管辖区镇	文城镇	会文镇	东阁镇	龙楼镇	抱罗镇	铺前镇
	重兴镇	东路镇	文教镇	昌洒镇	冯坡镇	公坡镇
	蓬莱镇	潭牛镇	东郊镇	翁田镇	锦山镇	
特别节日	“五月节”（龙舟竞渡）	文昌南洋文化节	沙滩排球节			

续 表

文昌怎么玩						
夜市	潭牛田野公园夜市					
特色美食	文昌鸡（海南四大名菜之一）	重兴赤烧	黄灯笼辣椒酱	海南水果	蓬莱粽子	盐焗鸡
	抱罗粉	锦山牛肉干	椰子船	会文三角留	花生饼	白水打边炉
	铺前糟粕醋	锦山煎堆	清补凉	凤会糯米花	海鲜宴	海南京果
	文昌全家福	春光椰子糖	海南河粉	会文信封饼	铺前马鲛鱼	椰子粑
	公坡意粑	炒河粉	苙	海南农家宴	清澜鱼市	海南西点
	甜粑（年糕）	鸡屎藤粑仔	芋奶	东阁粿仔	老爸茶	
特色工艺/文艺	文昌木屐	盅盘舞	壁画	琼剧	木偶剧	东郊椰雕
总领事馆						

海南省地图（政区版）

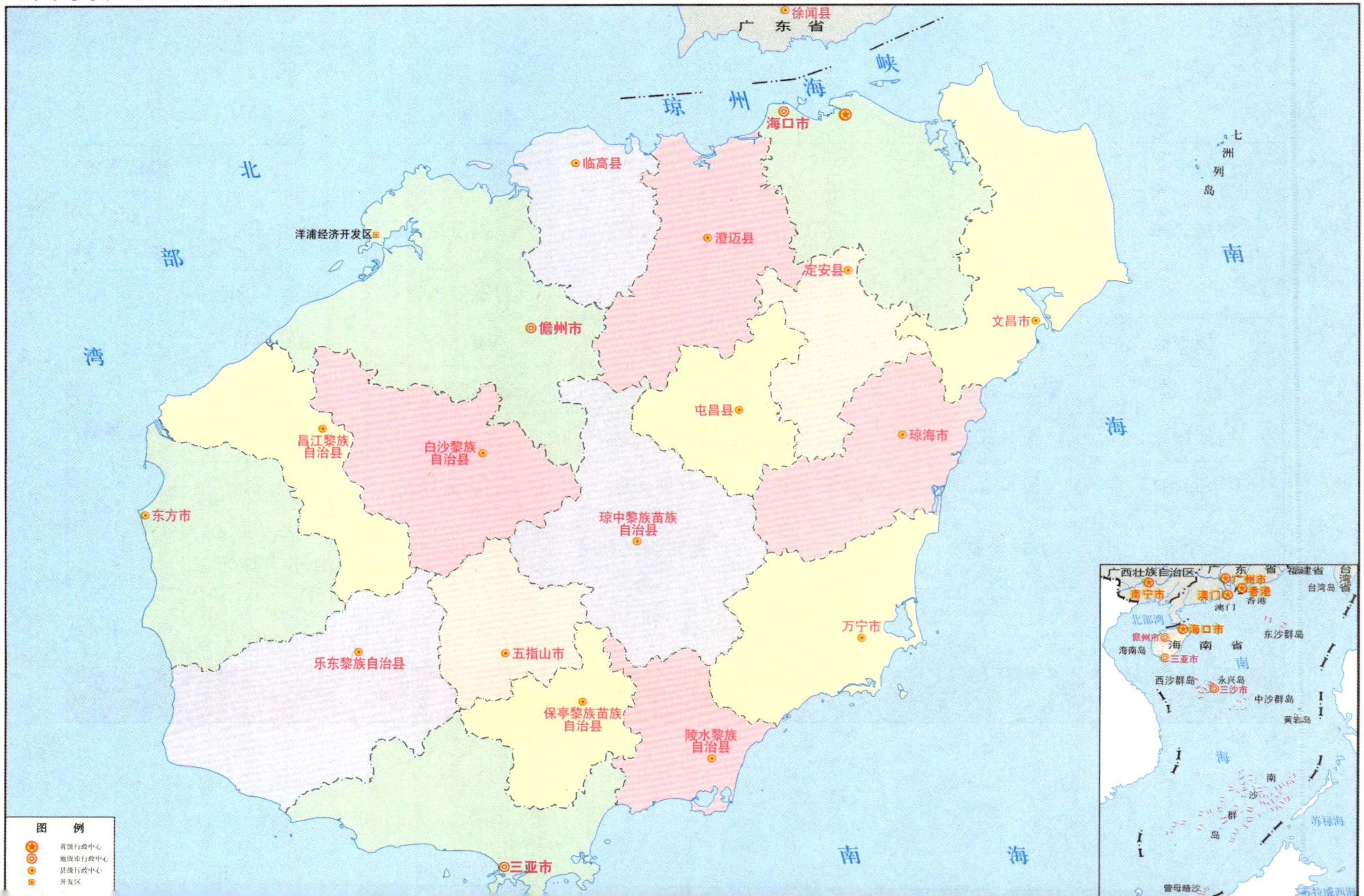
徐闻县
广东省
琼州海峡
海口市
临高县
澄迈县
定安县
文昌市
七洲列岛
北部湾
洋浦经济开发区
儋州市
屯昌县
琼海市
南海
昌江黎族自治县
白沙黎族自治县
东方市
琼中黎族苗族自治县
万宁市
乐东黎族自治县
五指山市
保亭黎族苗族自治县
陵水黎族自治县
三亚市
南海
广西壮族自治区
广东省
福建省
台湾省
南宁市
广州市
澳门
香港
台湾岛
北部湾
海口市
儋州市
海南岛
海南省
三亚市
东沙群岛
西沙群岛
永兴岛
三沙市
中沙群岛
黄岩岛
南海
南沙群岛
苏禄海
曾母暗沙
图例
省级行政中心
地级市行政中心
县级行政中心
开发区

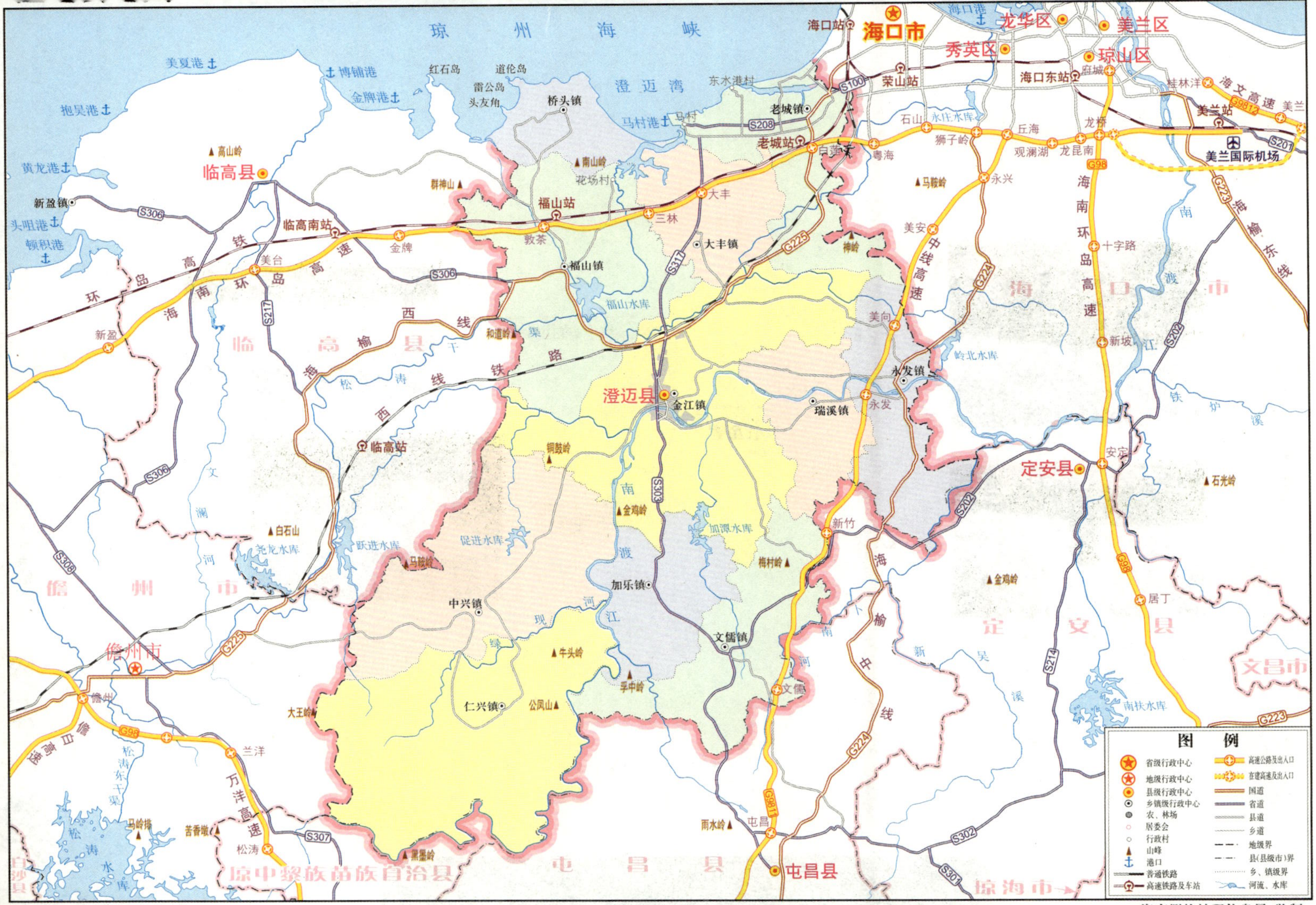

审图号：琼S（2021）014号　　比例尺 1∶450 000　　海南测绘地理信息局 监制

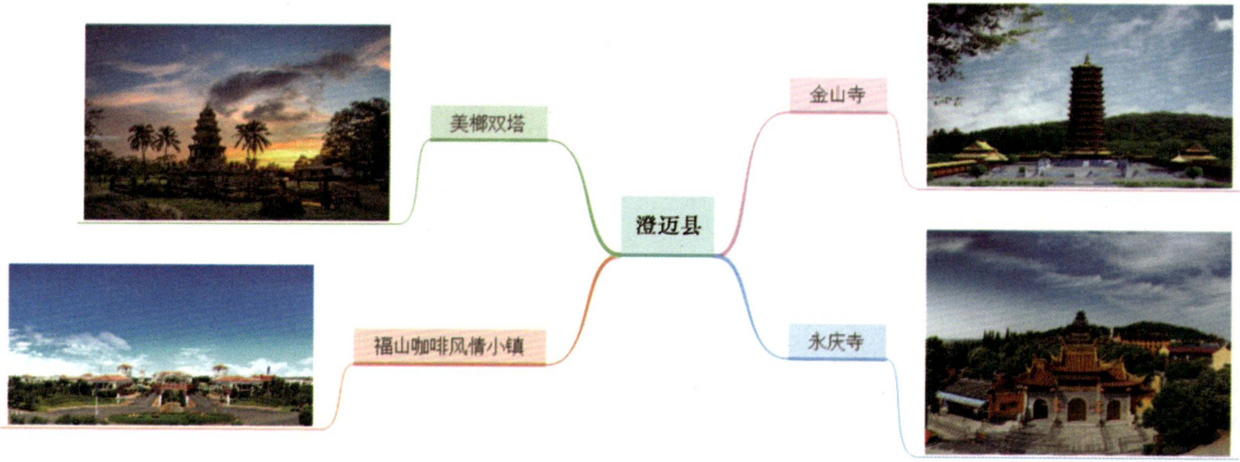
澄迈县
美榔双塔
福山咖啡风情小镇
金山寺
永庆寺

澄迈县（以下简称澄迈），位于海南岛北部偏西，陆地面积 2073 平方千米，2020 年常住人口 49.79 万。

著名的旅游景点有永庆寺、福山咖啡风情小镇、富力红树湾红树林湿地保护公园。

著名的酒店有澄迈碧桂园美浪湾高尔夫温泉酒店、海南澄迈鲁能蔚景温德姆酒店、海南澄迈富力希尔顿逸林度假酒店等。

澄迈主要以九年制义务教育学校为主。

购物可以到老城集贸市场或者千秋城市广场等大型商超购买。

看病可以到澄迈县人民医院、澄迈县中医院、海南中山医院等咨询医师。

澄迈没有机场，动车站有老城站和福山站。

澄迈下辖 11 个乡镇。

2021 年入选海南民营百强企业名单中，澄迈有海南众合天下科技有限公司、海南富山集团有限公司、欣龙控股（集团）股份有限公司、海南翔泰渔业股份有限公司、通威（海南）水产食品有限公司、海南元游信息技术有限公司、海南君海网络科技有限公司、海南安迈云网络技术有限公司等 8 家企业入选。

澄迈历史上的重要人物主要有王文儒、丘海云等近代革命烈士。

美椰双塔的故事

元朝时当地有位叫陈道叙的乡绅，他有两个女儿，长女叫灵照，次女叫善长，有一天灵照与善长在水池中捡到了一个椰子“聚宝盆”，盆里总有舀不尽的米和金银，她们俩常常从“聚宝盆”里取出米和金银分发给穷苦的乡邻。后来为纪念这两个的女儿，陈道叙修建了双塔，百姓时常来此怀念两个善良的姑娘。

澄迈怎么玩	
基本概况	位置：海南岛北部偏西
	陆地面积：2073 平方千米
	人口：截至 2020 年，常住人口 49.79 万人

续 表

澄迈怎么玩						
景点	富力红树湾红树林湿地保护公园	金山寺	永庆寺	盈滨半岛	福山咖啡风情小镇	王文儒烈士纪念碑
	先贤纪念堂	济公山旅游度假区	加笼坪热带季雨林旅游区	老城老街	南轩石照壁	
酒店	澄迈碧桂园美浪湾高尔夫温泉酒店	海南澄迈鲁能蔚景温德姆酒店	海南澄迈富力希尔顿逸林度假酒店	海南熙康云舍健康度假酒店	海南盛世开元商务酒店	澄迈时光印绿生温泉酒店
	海南大鹏中州国际饭店	澄迈蓝海钓华大饭店	白玉兰酒店（澄迈软件园店）	维也纳3好酒店（澄迈老城店）	星程酒店（海口澄迈软件园店）	柏曼酒店（海口火车站店）
	澄迈天福假日酒店	澄迈景园悦海湾度假酒店	格林豪泰酒店（澄迈软件园店）	维也纳国际酒店（海口老城高铁站店）	雅斯特酒店（澄迈老城店）	澄迈辉隆生态度假庄园
酒店	欢墅·精品度假别墅（澄迈红树湾体验店）	欢墅·度假别墅（澄迈盈滨半岛西海岸店）	澄迈惟尼迩至尊酒店	季筑度假公寓（澄迈软件园店）	澄迈港德大酒店	澄迈潮舍度假酒店公寓
	海南禧来登大酒店	澄迈中复康康悦公寓				

续 表

澄迈怎么玩						
学校	澄迈中学	加乐中学	长安中学	海南省工业学校（澄迈分校）	澄迈县永发中学	中兴中学
	白莲中学	澄迈县第二中学	红光中学	澄迈县第三中学	澄迈中等职业技术学校	澄迈县福山中学
	金江中心学校	澄迈县老城中学	山口中学	石浮中心学校	金安中学	西达中学
	澄迈思源高级中学	桥头中学	嘉乐中学	瑞溪中学	文儒中学	楚元玉楼实验学校
市场	加乐农贸市场	长安中心市场	老城集贸市场			
商场	瑞佳商业广场	洪都购物中心	美亭百货商场	苏宁易购直营店	欧凯生活购物广场	白莲时代电气商场
	千秋城市广场	南亚广场（澄迈店）	普洛斯百货	金江大商场	广兴隆购物中心	新华泰灯饰管材商城
	国美电器	金鹏大卖场	大润发购物广场			

续　表

澄迈怎么玩						
医院	澄迈县人民医院	博爱医院（华兴路）	澄迈县中医院	海南中山医院	澄迈县妇幼保健院	海南农垦红光医院
	金安医院					
机场						
火车站/动车站	福山站	老城站				
港口码头	马村港码头	中非友谊码头				
重要基地	海南生态软件园					
2021 年入选海南民营百强企业名单	海南众合天下科技有限公司	海南富山集团有限公司	欣龙控股（集团）股份有限公司	海南翔泰渔业股份有限公司	通威（海南）水产食品有限公司	海南元游信息技术有限公司
	海南君海网络科技有限公司	海南安迈云网络技术有限公司				
工厂	家具工厂	空心砖厂	橡胶厂	糖厂	食品站屠宰场	手套加工厂
	教育校服厂	制冰厂	花生榨油厂	印刷厂	木材切片厂	纸箱厂
著名人物	王文儒	丘海云				

续 表

澄迈怎么玩						
管辖区镇	金江镇	老城镇	瑞溪镇	永发镇	加乐镇	文儒镇
	中兴镇	仁兴镇	福山镇	桥头镇	大丰镇	（还有 5 个农场）
特别节日	澄迈盈滨龙水节（6–7 月）	军坡节				
夜市	庙街网红夜市（四季康城广场）					
特色美食	福山咖啡	澄迈福橙（中国十大名橙之一）	干烧琵琶蟹	新吴糯米馍	金江酸菜	金江基糖粿
	澄迈苦丁茶	无核荔枝	黎族甜糟	老城清补凉	瑞溪腊肠	金江粿卷
	美亭香蕉	椰仙苦丁茶	瑞溪粽子	金江甜糟面团	金江年糕	金江粉
	侯臣清凉糕	侯臣翻砂芋头	侯臣拔丝地瓜	福山咖啡糕	长安软糖	长安米饼
	瑞溪牛肉干	福山烤乳猪	白莲鹅	镜坡南村黑猪	咖啡酒	
特色工艺	编品笠					
总领事馆						

海南省地图（政区版）

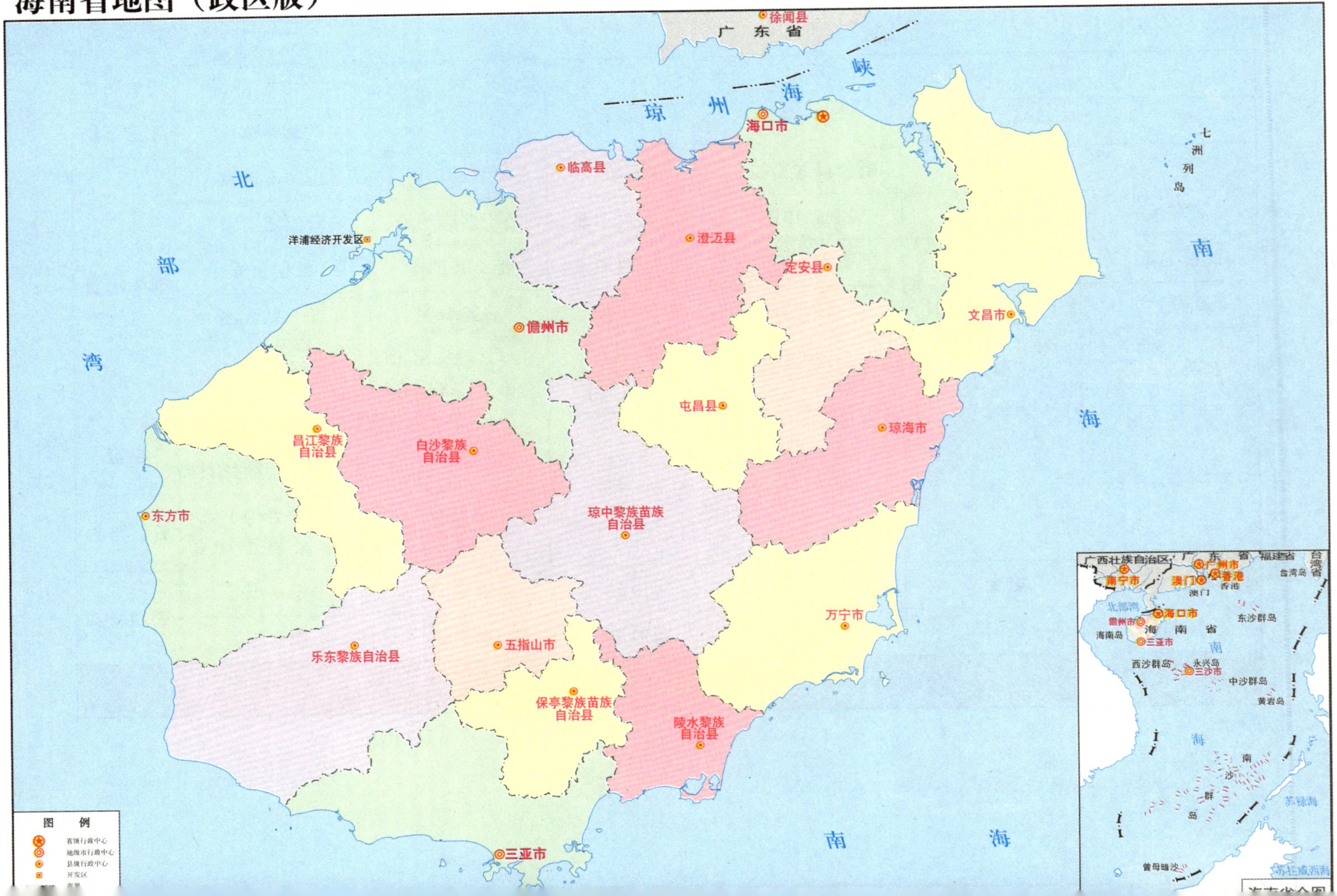

徐闻县
广东省
琼州海峡
海口市
临高县
澄迈县
定安县
文昌市
儋州市
洋浦经济开发区
屯昌县
琼海市
昌江黎族自治县
白沙黎族自治县
琼中黎族苗族自治县
东方市
万宁市
五指山市
乐东黎族自治县
保亭黎族苗族自治县
陵水黎族自治县
三亚市
北部湾
南海
七洲列岛
图例
省级行政中心
地级市行政中心
县级行政中心
开发区
广西壮族自治区
广东省
福建省
台湾省
台湾岛
南宁市
广州市
澳门
香港
北部湾
海口市
儋州市
海南岛
三亚市
海南省
东沙群岛
西沙群岛
永兴岛
三沙市
中沙群岛
黄岩岛
南沙群岛
曾母暗沙

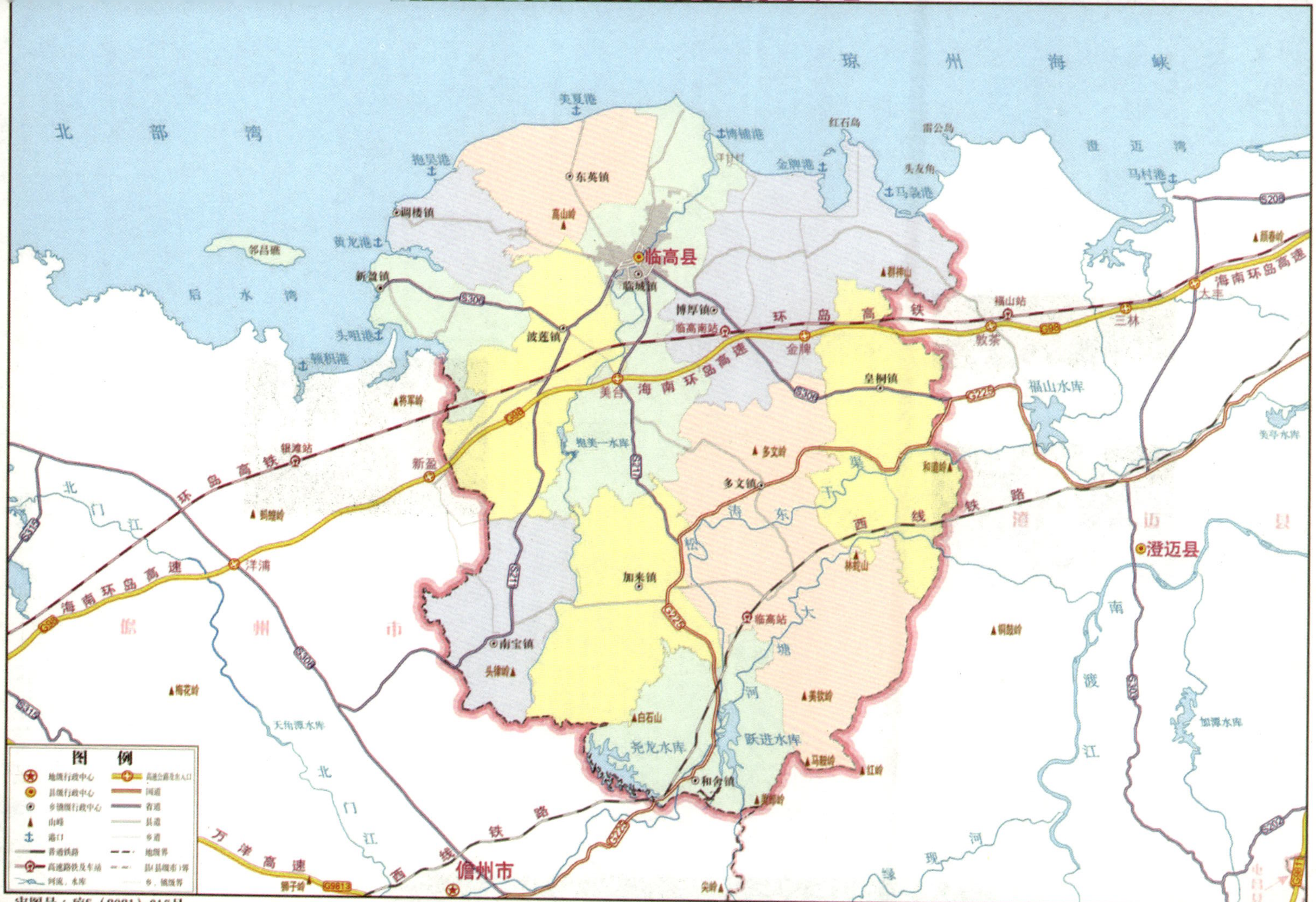

审图号：琼S（2021）017号

比例尺 1:350 000

海南测绘地理信息局 监制

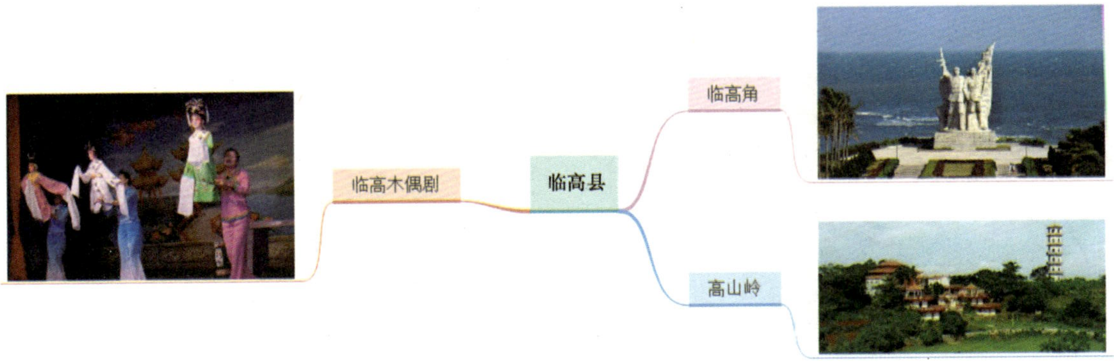
临高县
临高木偶剧
临高角
高山岭

临高县（以下简称临高），位于海南岛西部，陆地面积 1332 平方千米，2020 年常住人口 42.05 万。

著名的旅游景点有临高角、高山岭、临高解放公园等景区，其中临高解放公园就在临高角。

著名的酒店有碧桂园金沙滩温泉酒店、维也纳酒店、临高悦来登大酒店等。

临高主要以九年义务教育学校为主。

购物可以到东江市场或福临广场等大型商超购买。

看病可以到临高县人民医院、临高县中医院等咨询医师。

临高没有机场，动车站有临高南站。

临高下辖 10 个镇。

2021 年入选海南民营百强企业名单中，临高有海南冠盛建筑工程有限公司 1 家企业入选。

临高历史上有王佐、胡铨等著名人物，其中王佐是海南四大才子之一。

临高木偶戏

临高有一种我国独一无二的木偶剧，即人偶同台演出的木偶戏，也叫临高木偶。临高人偶戏源于南宋末期，历史悠久，是全国唯临高独有、世界少见的稀有剧种。2006 年，被正式列入国家级非物质文化遗产名录。

临高烤乳猪

临高的烤乳猪选用的是生长了几个月的小猪，重量大约 13 斤，味道特别好，脆薄芳香。临高的乳猪大都出口到香港、澳门及东南亚一带。

临高怎么玩						
基本概况	位置：海南岛西部					
	陆地面积：1332 平方千米					
	人口：截至 2020 年，常住人口 42.05 万人					
景点	临高角	高山岭	王佐公祠	居仁瀑布	彩桥红树林保护区	临高文庙
	临高县解放公园	百仞滩	崇真堂	基督教加来堂		

续 表

临高怎么玩						
酒店	碧桂园金沙滩温泉酒店	维也纳酒店（临高店）	临高悦来登大酒店	临高君乐海边酒店	临高碧桂园小城之春假日酒店	临高金沙滩凤祺公寓
学校	临高中学	临高县中等职业技术学校	农垦加来高级中学	临高县第二中学	加来中学	博厚中学
	创新学校	临城中学	新盈中学	海南省商业学校（临高分校）	美良中学	波莲中学
	调楼中学	海南省农垦师范学校	皇桐中学	临高县南宝中学	和舍中学	琼台师范高等专科学校（临高校区）
	美台中学	多文学校	红华中学	东英中学		
市场	东江市场	南宝市场	美台市场	北门市场	西门市场	
商场	城市购物公园	临城商场	梦美商场	万宝商场	多文振兴电器商场	欧凯购物广场
	福临广场	华强电器商场				
医院	临高县人民医院	临高县中医院	华侨医院	临高友好医院	国营红华农场医院	

续 表

临高怎么玩						
机场						
火车站 / 动车站	临高南站					
港口码头	新盈港码头					
重要基地						
2021 年入选海南民营百强企业名单	海南冠盛建筑工程有限公司					
工厂	龙力糖厂	印刷厂	聚能石场	水泥制品厂	洋通木材厂	木材切片厂
	广西红心饮料厂	财宝来渔网厂	集成铝扣加工厂	临高拖拉机厂	丰产复混肥厂	
著名人物	戴定实	王佐（海南四大才子之一）	张岳崧（海南四大才子之一）	刘和贵	王兴明	王纲
	冼雷	刘大霖	王良弼	刘教英	吴奇勋	胡铨

续 表

临高怎么玩						
管辖区镇	临城镇	博厚镇	和舍镇	调楼镇	多文镇	新盈镇
	波莲镇	皇桐镇	南宝镇	加来镇	东英镇	国营加来农场
	国营红华农场					
特别节日	军坡节					
夜市	文澜皇桐夜市					
特色美食	临高乳猪	牛眼螺（亦称太阳螺）	膏蟹	葱煮临高小芋头	临高粉	多文空心菜
	南宝鸭	沙虫	腩肉萝卜干	油膏虾米韭菜饼	毛薯葱蒜油膏	临高煎堆
	清蒸南宝芋头	韭菜饼				
特色工艺	特产工艺品	银鱼干	玻璃鱿鱼干	红鱼干	渔家斗笠	渔家服饰
	沙虫干	龙眼	木偶戏			
总领事馆						

海南省地图（政区版）

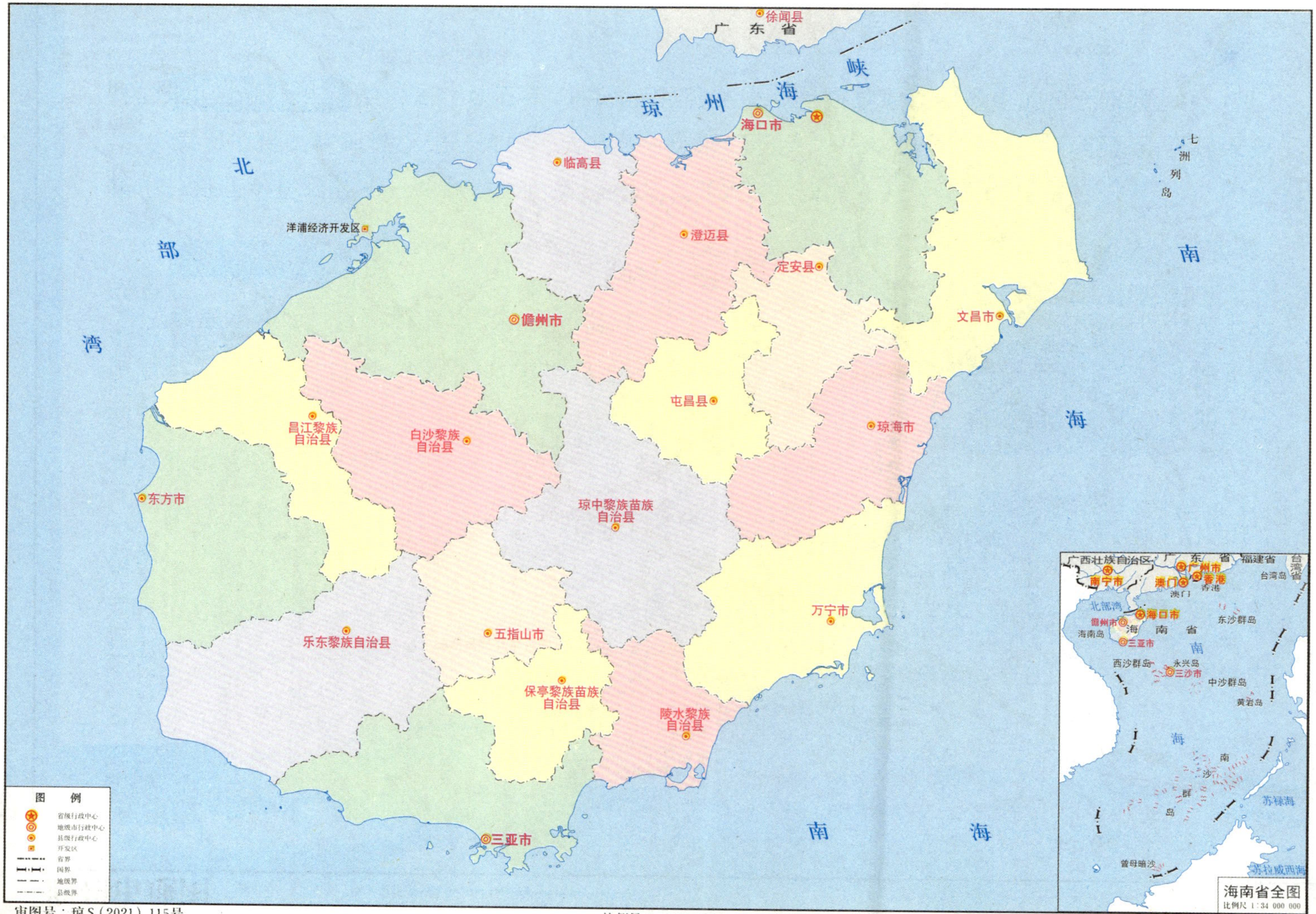

审图号：琼S（2021）115号

比例尺 1:1400 000

海南测绘地理信息局 监制

儋州市地图

儋州市
临高县
昌江黎族自治县
白沙黎族自治县
洋浦经济开发区
北部湾
后水湾
兵马角
邻昌礁
黄龙港
头咀港
顿积港
峨蔓港
盐丁港
峨蔓镇
光村镇
木棠镇
松林岭
三都办事处
银滩站
中和镇
新英港
新州镇
干冲港
东成镇
洋浦港
白马井镇
白马井站
王五镇
排浦镇
南华港
煎茶港
桥头港
海头港
海头镇
海头站
打铁岭
火岭
雅星镇
大成镇
西庆
西华
王五
春江水库
珠碧江水库
那大镇
和庆镇
兰洋镇
南丰镇
松涛水库
（兰洋镇管辖）
天鹅山
蓝洋
那其岭
黑岭
牛岭
美郎岭
沙龙水库
临高站
美台
金牌
敦茶
新盈
邦溪
大坡
棋子湾站
白石岭
松涛
阳江
黎母山
新进
东崩岭
石碌水库
环岛高速
万洋高速
儋白高速
海榆西线
西环铁路
G98
G9813
G225
S306
S308
S211
S217
S215
S307
S310
图例
地级行政中心
县级行政中心
乡镇级行政中心
农场
居委会
开发区
山峰
港口
普通铁路
高速铁路及车站
高速公路及出入口
国道
省道
县道
乡道
地级界
县(县级市)界
乡、镇级界

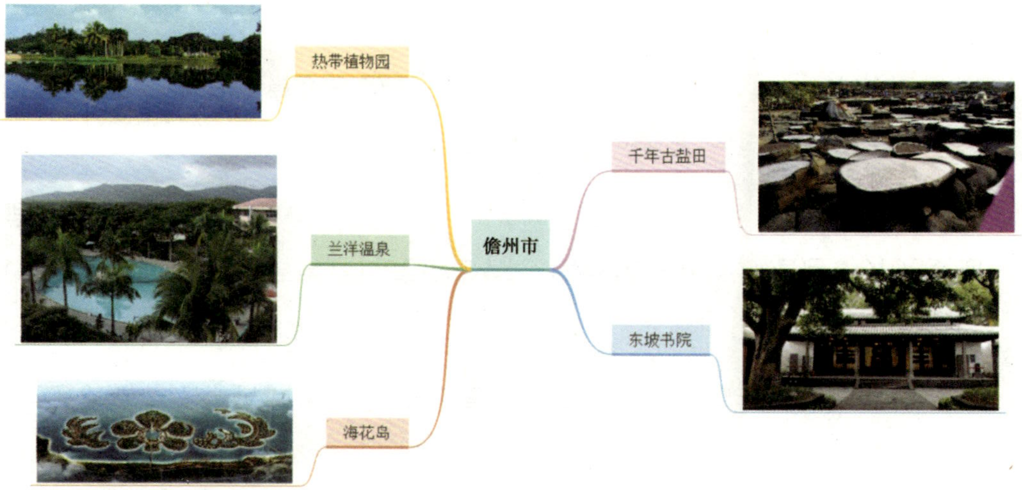
儋州市
热带植物园
兰洋温泉
海花岛
千年古盐田
东坡书院

儋州市（以下简称儋州），位于海南岛西部，陆地面积 3398 平方千米，2020 年常住人口 95.42 万。

著名的旅游景点有千年古盐田、东坡书院、海花岛、兰洋温泉等。

著名的酒店有儋州海花岛恒大逸阁度假公寓、儋州海航新天地酒店、开元曼居·海南海花岛店等旅游度假酒店。

儋州主要以九年制义务教育学校为主。

购物可以到儋州街水果综合批发市场、洋浦市场或者到夏日国际商业广场、南宝商场等大型商超购买。

看病可以到儋州市第一人民医院、儋州市中医医院等咨询医师。

儋州目前没有机场，动车站有白马井站和银滩站。

儋州下辖 16 个镇。

儋州这边是工业区，其中洋浦开发区是特区中的特区，工业配套齐全。洋浦港为国家一类开放港口，素有“水深、避风、回淤量少”等特点，是海南天然条件最好的深水港。

2021 年入选海南民营百强企业名单中，儋州有海南逸盛石化有限公司、海南金海浆纸业有限公司、海南温氏禽畜有限公司、海南蓝岛环保产业股份有限公司、海南百运医药化工有限公司、海南澳斯卡国际粮油有限公司共 6 家企业入选。

儋州历史上曾有苏东坡、符确等著名人物，虽然苏东坡先生不是儋州人，在儋州只生活了几年，但是他却给海南人民传播了中原文化，帮助海南学子考上进士。人们为了纪念他，把他曾经教书过的桃榔庵命名为东坡书院，被列为国家重点文物保护单位。

苏东坡的故事

宋朝时期，苏东坡因“乌台诗案”及各种政治风波被贬至黄州，后贬至海南，居住在儋州。苏东坡被贬儋州，虽处逆境却不自弃，与当地人结成好友，并施教于民，在当时还被认为是蛮荒之地的海南传播中原文化。海南岛各地的士人，多慕名来学，文风因此兴起。

万里归来颜愈少。微笑，笑时犹带岭梅香。

试问岭南应不好。却道，此心安处是吾乡。

——出自苏轼《定风波·南海归赠王定国侍人寓娘》

苏东坡居住在儋州时，邻居是一个卖环饼的老太婆，老太婆虽有一手好手艺，却因店铺地处偏僻，生意一直不景气。苏东坡很同情她的处境，觉得应该帮助她。他灵机一动，挥毫写下一首权当广告的七绝《戏咏馓子赠邻妪》：

织手搓来玉色匀，碧油煎出嫩黄深。

夜来春睡知轻重，压扁佳人缠臂金。

生动形象地描画出环饼的制作过程和形状及色香味等特点，老太婆把诗高悬于门上，果然吸引了众多顾客，生意兴隆，乐坏了老太婆。

到了明代万历年间，这里便建起了“苏公祠”，供奉他的神位，幼子苏过和学子姜唐佐作为配祀位列左右。

解放军白马井登岛会师

1950 年 3 月 6 日，解放军登岛作战部队与琼崖纵队会师。登陆地点：儋州白马井。会师地点：儋州新地村。

当时正值琼纵八团两个营在儋州新地村无名高地上打扫战场之际，发现由十多人组成的一支身穿绿军装、挂着长长子弹带的小队，一边射击，一边向无名高地冲来。这股小分队战斗力很强，以“三三制”的战斗队形，向无名高地前沿发起猛烈的冲锋。八团的战士集中全部火力进行反击，双方都打得很顽强，经过十几分钟的激战，彼此都无法制服对方。为了破降这支小队，八团抓到的几个俘虏下山后，向对方交代我军的优待政策。几分钟后，对方阵地一个指挥员高呼："琼崖纵队的战友们，咱们误会了，我们是渡海先锋营的先头分队。"他们退下枪膛的子弹，倒背着枪，向高地走来。"会师了！"战友们抱成一团，又蹦又跳，所幸双方都没有伤亡。

会师后，解放军部队与琼崖纵队向北向东突进，最后攻克海口，结束了海南岛全部战役。

曾汪源先生和海南第一批橡胶林

清代光绪二十八年(1902)，侨居南美洲秘鲁的曾汪源先生（广州市番禺人）不远万里来到海南岛，随同他前来的还有他的儿子。

曾先生一行人环岛考察一番，详细了解和记录了一些地区的自然地理情况，经过反复比较，他们确认，儋州市一带日照时间长，雨量充沛，受台风影响较轻，是理想的橡胶树生长区。两年以后，曾先生的儿子曾金城再次远渡重洋，重返海南岛，并且随身带来从马来西亚购买的一批橡胶树苗。在今儋州市洛基镇五岭村有曾金城先生事先购置平整好的一块土地，他将橡胶树苗种植于内。经过曾先生的精心培育，部分橡胶树苗成活了。从此，海南岛橡胶生产历史的首页记录就由海外华侨曾汪源和曾金城父子两代人书写完成了。

几年之后，在清代宣统二年(1910)，华侨何麟书先生在今琼中黎族苗族自治县开辟了第二个橡胶园，其面积为250亩，种植橡胶树4000多株。两年之后，何先生又深入五指山水口田地区再辟另一个橡胶园。自曾、何二位先生之后，华侨在海南岛开辟和经营橡胶园的热潮不断涌起，橡胶生产规模逐渐扩大。到了1934年，海南岛共有橡胶园94处，面积9000亩，橡胶树24万余株。

中华人民共和国成立初期，中共中央发出在华南地区建立我国天然橡胶基地的号召。来自祖国各地的志愿人员打起背包，走进海南岛热带雨林，扎营荒野草坡，艰苦地创建国营农场，开垦橡胶树种植园。几十年过去了，在如今海南省的广阔地域内，到处都有那一代人开辟的茂密的橡胶园。

海南省橡胶的年产量曾经占全国橡胶产量的80%，现在也维持在40%以上。

蓝洋温泉

儋州蓝洋温泉旅游度假城位于儋州市蓝洋镇，占地8325亩，现已初具规模，冷热泉就在其内的温泉公园之中。整个地热温泉中心区域达5平方千米，现有大小泉眼10多个，日流量达8000吨以上，水温43℃~48℃，是海南省最大的氡泉之一。蓝洋温泉水还具有恒质和无异味等特点，对治疗风湿性关节炎、皮肤病及心血管系统疾病均有较好的疗效，是理想的保健氡泉，浴后令人有很强烈的舒适之感。

在洗浴温泉的同时，不但可以品尝美食，还可以乘兴游览 5 公里之外的莲花岭风景区。莲花岭洞穴又叫“观音洞”。相传观音娘娘曾来莲花山游玩，她举目眺望，但见山花烂漫，森林茂密，泉雾缭绕，好一处人间仙境。于是观音佛手一弹，便留下这神奇的洞穴。至今洞内尚有一平台，说是观音娘娘的“聚仙堂”；洞顶端有 5 个手指纹，道是观音娘娘的“佛手生云”。

儋州怎么玩	
基本概况	位置：海南岛西部
	陆地面积：3398 平方千米
	人口：截至 2020 年，常住人口 95.42 万人

续 表

儋州怎么玩						
景点	石花水洞地质公园	海南热带植物园	松涛水库	东坡书院	中国海南海花岛海洋乐园	中国海南海花岛影视基地
	兰洋温泉	白马井古迹	千年古盐田	儋州植物园－水上乐园	中国海南海花岛童话世界	中国海南海花岛雪山水上王国
景点	东坡井	龙门激浪	白鹭天堂	鹿母湾瀑布	宁济庙	石花水洞
	伏波庙	白马涌泉	英岛山天然溶洞	干冲神	排浦金滩	光村银滩
	儋州古城	叶榕海滩	华南热作“两院”植物园	云月湖	基督教丰富堂	
酒店	儋州海花岛恒大逸阁度假公寓	儋州海航新天地酒店	开元曼居·海南海花岛店	永嘉大酒店（儋州夏日广场店）	儋州兰洋地质温泉酒店	儋州佰丽海景酒店
	维也纳国际酒店（儋州鼎尚广场店）	海岸线海景民宿（儋州海花岛店）	儋州朗庭时尚客栈	儋州漫谷温泉酒店	福安泰隆海景大酒店（儋州海花岛店）	格雅酒店（儋州中兴大街第一中学店）

续 表

儋州怎么玩						
酒店	儋州碧桂园哈瓦那假日酒店	漫屿筱筑精品民宿（儋州海花岛2号岛店）	欧斯卡国际酒店（儋州汽车站店）	儋州蓝洋温泉度假村	儋州嘉都皇冠商务酒店	森林客栈（儋州两院植物园店）
	维也纳国际酒店（儋州洋浦店）	桔子酒店（儋州文化广场店）	儋州盛源御景酒店	儋州佳源海景大酒店	儋州国祯棕榈岛度假村	儋州古盐田高尔夫度假别墅酒店
	儋州海航福朋喜来登酒店	城市花园精品酒店（儋州夏日广场店）	宜尚酒店（儋州夏日广场店）	儋州丽思顿大酒店	儋州金港湾酒店	儋州兆煌花园大酒店
	儋州斯维登服务公寓	儋州洋浦湾海景花园酒店				
学校	海南省洋浦中学	正大阳光中学	东坡中学	儋州黄冈实验学校	儋州市兰洋职业中学	和岭中学
	南开大学附属中学儋州市第一中学	儋州市民族中学	儋州市第四中学	海南鑫源高级中学	儋州市鸿文学校	光村中学
	洋浦中学	白马井中学	儋州市第五中学	儋州市第六中学	南丰职业中学	儋州市西部中学

续 表

儋州怎么玩						
学校	儋州市八一中学	儋州市第三中学	川绵中学	木棠中学	雅星中学	东成中学
	长坡中学	儋州市两院中学	海南省儋州市第二中学	大成中学	海南儋州思源实验高级中学	儋州市洛基中学
	海南农垦西培中学	海南中学东坡学校	新州中学	王五中学	东城镇中心学校	西庆中学
	新英中学	儋州市那大第二中学	海南大学－热带农林学院	tz 国际美业培训学院	西华中学	海南广播电视大学（儋州分校）
	儋州市海头中学	那大镇九年一贯制学校	海南电影学院	海南大学－农学院	峨蔓中心	洋浦中等职业技术学校
	八一总场糖厂中学	海南大学（儋州校区）	中国热带农业科学院海南大学(儋州校区）	儋州市职业中专学校	西流中学	儋州市老年大学
	儋州市排浦中学	海南大学应用科技学院（儋州校区）				

续 表

儋州怎么玩						
市场	儋州街水果综合批发市场	万福市场	军屯市场	洋浦市场		
商场	大勇商业广场	宏星五金（那大商场）	东成农产品批发商城	顺鸿商业广场	福星商场	那大鑫元电器商场
	理想便利店	国美电器	东方广场	佳佳购物广场	大勇商城市场	那恁购物广场
	阳光巴洛克西部商城	德宝百货商场	粤海家私商场	洋豪不锈钢建材商场	南宝商场	儋州夏日国际商业广场
	欧凯购物中心（八一店）	家昌隆超市	好又多购物中心	百货大楼		
医院	儋州市第一人民医院	儋州市人民医院	儋州市第三人民医院	儋州市妇幼保健院	中国热带农业科学院华南热带农业大学职工医院	农垦西联医院
	和岭医院	儋州市中医医院	儋州现代医院	松涛职工医院	海南省第二工人医院	儋州市优抚医院
	西流医院	海南农垦蓝洋医院	儋州市福利医院	儋州鸿卫医院		
机场						

续 表

儋州怎么玩						
火车站 / 动车站	白马井站	银滩站				
港口码头	洋浦港	白马井港	海头港	峨蔓港	泊潮港	新英港
	干冲港	排浦港				
重要基地	洋浦经济开发区	海花岛国际会议中心				
2021 入选海南民营百强企业名单	海南逸盛石化有限公司	海南金海浆纸业有限公司	海南温氏禽畜有限公司	海南蓝岛环保产业股份有限公司	海南百运医药化工有限公司	海南澳斯卡国际粮油有限公司
工厂	啤酒工厂	新时空装饰工厂	环保砖厂	水泥制品厂	白马井冷冻厂	那大浙琼涂料厂
	儋州天地家豪装工厂店	龙井饮料厂	帆布厂	淀粉厂	冰厂	木材切片厂
	粽子观光工厂	蓝海石厂	兴源电子厂	木片厂	复合肥厂	橡胶加工厂
	民益花生油加工厂	石材厂	农垦那大机械厂	建材厂	墙板厂	

续 表

儋州怎么玩						
历史人物	苏东坡	符确	薛远	黄河清	王云清	张绩
	蒲公才					
管辖区镇	三都街道	南丰镇	兰洋镇	海头镇	白马井镇	东成镇
	那大镇	大成镇	光村镇	峨蔓镇	中和镇	新州镇
	和庆镇	雅星镇	木棠镇	王五镇	排浦镇	
特别节日	中元节	军坡节				
夜市	那大镇那恁路夜市	文化路夜市				
特色美食	新英红鱼粽	洛基粽子	长坡米烂	松涛鳙鱼	光村沙虫	海南煎堆
特色工艺民俗	黄花梨手工艺品	儋州调声	儋州山歌			
总领事馆						

海南省地图（政区版）

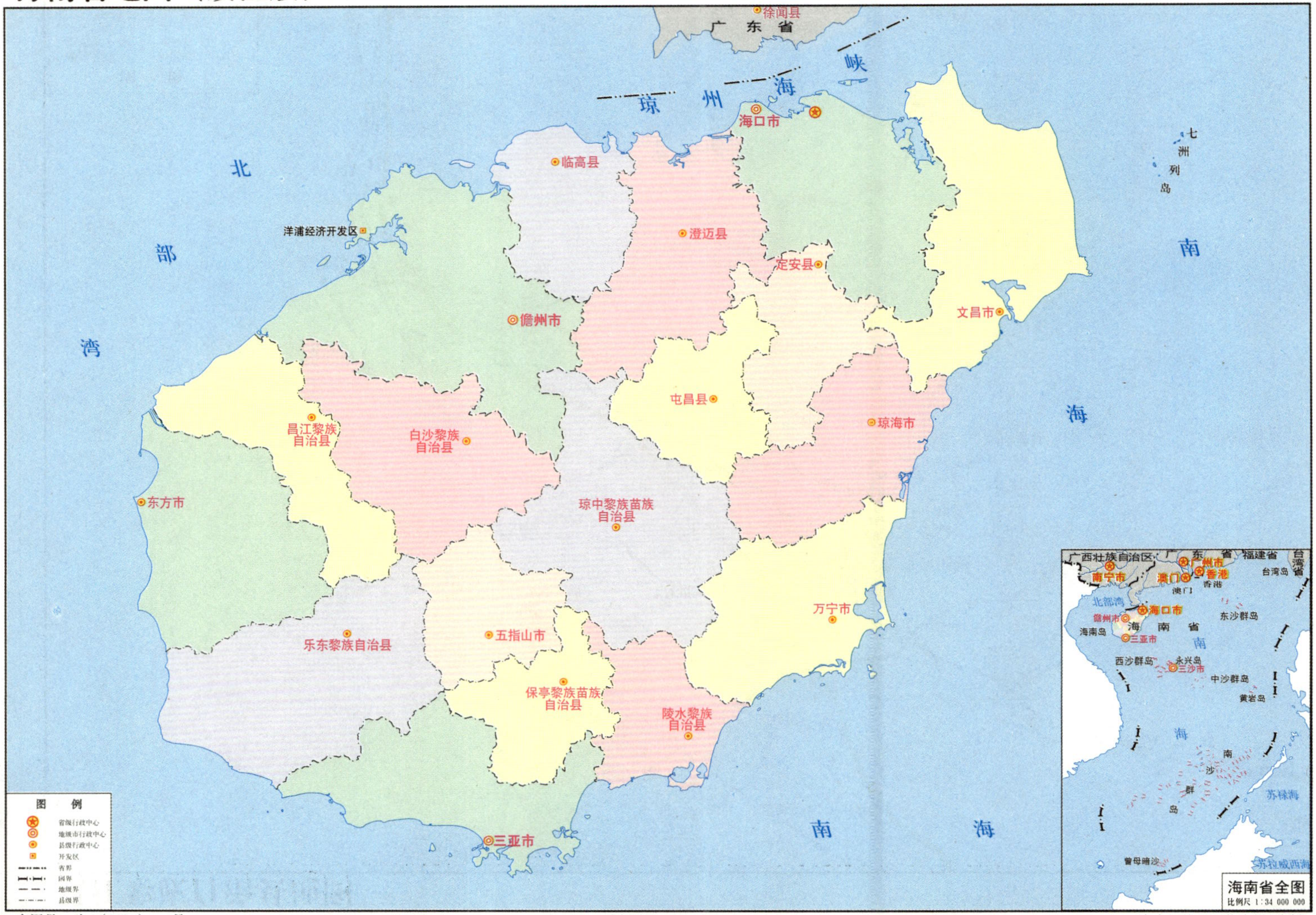

审图号：琼S（2021）115号　比例尺 1:1400 000　海南测绘地理信息局 监制

昌江黎族自治县地图

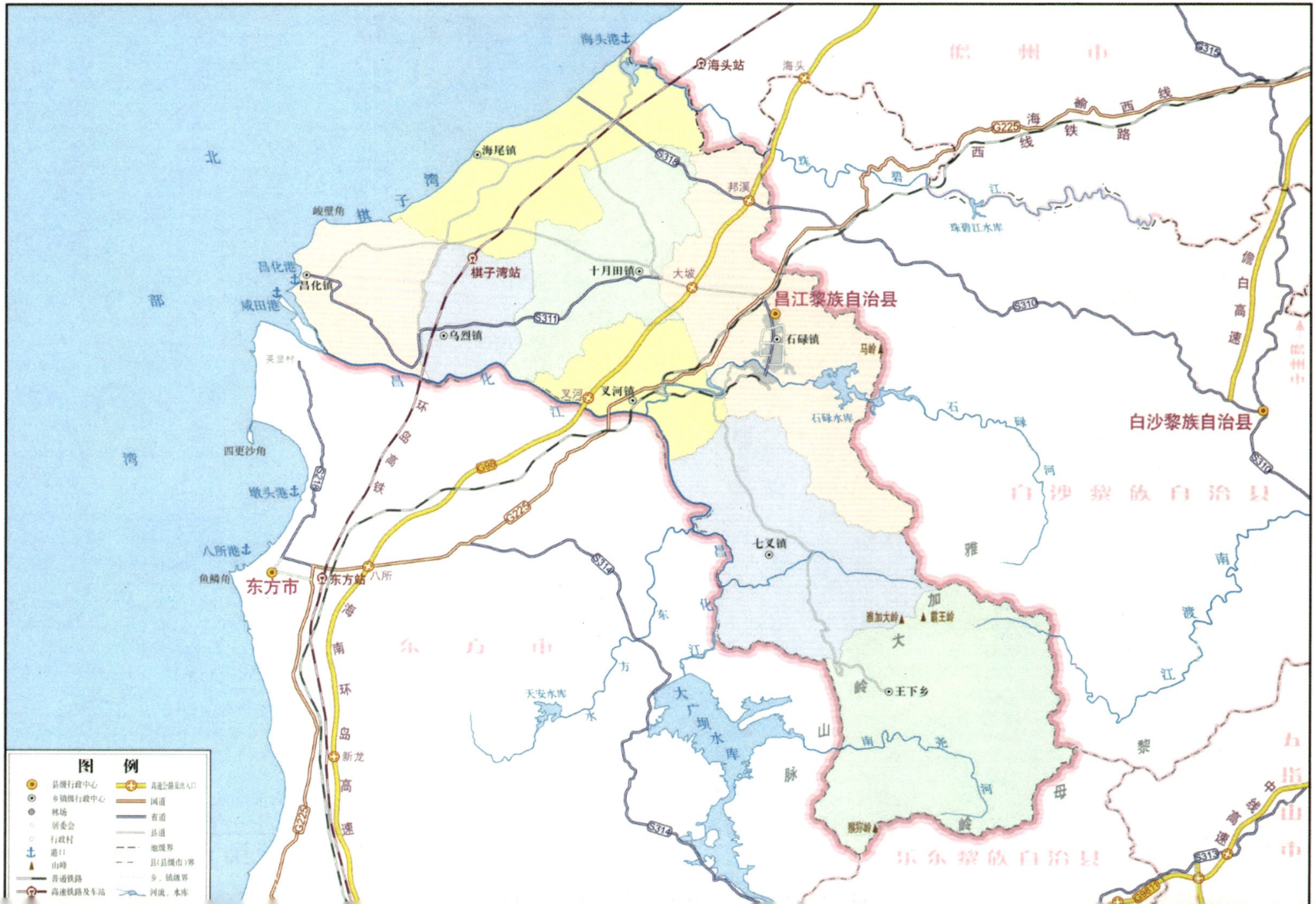
昌江黎族自治县
白沙黎族自治县
东方市
海头站
海头港
海头
海尾镇
北部湾
棋子湾
峻壁角
昌化港
昌化镇
咸田港
棋子湾站
十月田镇
大坡
邦溪
乌烈镇
石碌镇
马岭
石碌水库
叉河
叉河镇
昌化江
七叉镇
王下乡
雅加大岭
霸王岭
猴猕岭
大广坝水库
天安水库
东方水
四更沙角
墩头港
八所港
鱼鳞角
东方站
八所
新龙
海南环岛高速
环岛高铁
海榆西线
西线铁路
儋白高速
中线高速
珠碧江
珠碧江水库
石碌河
南渡江
南尧河
雅加大岭
山脉
黎母岭
儋州市
东方市
白沙黎族自治县
乐东黎族自治县
五指山市
G225
G98
S310
S311
S314
S315
S316
S313
S218
图例
县级行政中心
乡镇级行政中心
林场
居委会
行政村
港口
山峰
普通铁路
高速铁路及车站
高速公路及出入口
国道
省道
县道
地级界
县(县级市)界
乡、镇级界
河流、水库

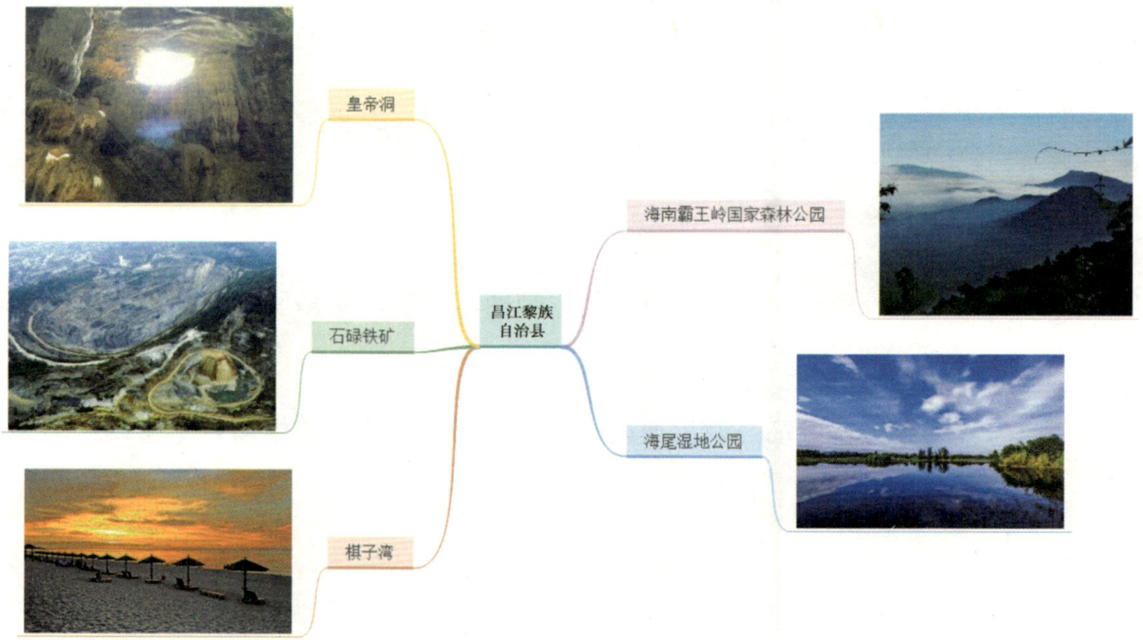
昌江黎族
自治县
皇帝洞
石碌铁矿
棋子湾
海南霸王岭国家森林公园
海尾湿地公园

昌江黎族自治县（以下简称昌江），位于海南岛西部，陆地面积 1617 平方千米，2020 年常住人口 23.21 万。

著名的旅游景点有海南霸王岭国家森林公园、海尾湿地公园、棋子湾等。

著名的酒店有海南万国棋子湾海滩大酒店、海南棋子湾开元度假村、海南银湾美高梅花园酒店等。

昌江主要以九年义务教育学校为主。

购物可以到石碌中心市场、第三农贸市场，或者凯美商业广场、世纪华联购物广场等大型商超购买。

看病可以到昌江黎族自治县中西医结合医院、昌江黎族自治县人民医院等咨询医师。

昌江没有机场，动车站是棋子湾站。

昌江管辖有 8 个乡镇。

2021 年入选海南民营百强企业名单中，昌江有海南矿业股份有限公司 1 家企业入选。

昌江历史上有周国明等知名学者，为海南人民传道授业解惑。

在昌江，也有很多感人的历史故事和民间传说。

黎族“三月三”传说

在远古时期，大地洪水泛滥，人类遭遇浩劫，只有一对兄妹躲进了一个大葫芦瓜内，最终得

以幸存。为了繁衍后代，妹妹在自己的脸上划了几道伤疤，让哥哥认不出来，然后就可以和哥哥结婚生子，他们结婚的那一天正好是农历三月初三。

后来，三月三渐渐成为当地的传统节日。每到三月三，黎族男女盛装打扮，互相邀约，共度三月三。每个村寨的青年男子由一个英俊聪明的小伙子带队，女青年也挑选一个漂亮伶俐的姑娘带队，参加活动的男女都要带上自己准备好的酒、竹筒饭、粽子和其他食品，成群结队到约定的三月三活动的地点，以对歌的形式选择自己的意中人（同村同峒的不能相邀）。找到自己的意中人后，双双对对转到别处丛林翠竹、山洞、小河边，互相倾诉爱慕之情。等到即将破晓的时候，男女相约明天再会。互相赠送定情礼物，一般男孩子送一支头簪给女孩子，女孩子送一条自己亲手织的花腰带给男孩子。有很多地方要玩三天三夜。

棋子湾传说

相传古时候，天上的北斗星和南辰星创造了一种回字形的棋艺，且两人是下回棋的高手。

一天两位神仙带着棋子来到了湾内的这块石头上下棋。由于湾内环境优美、风平浪静，两位仙人神思专注，棋局相持了整整一个上午，仍胜负难分。

两位神仙精彩的棋艺使湾内耕海的渔民大开眼界，惊叹不已，纷纷停橹收网，围在两位神仙周围观棋学艺。时至中午，两位神仙仍在对弈，丝毫没有收盘的意思。观棋学艺的渔民们忙煮好鱼虾，备好酒水饭菜敬奉两位神仙。两位神仙为了感谢渔民们的盛情款待，教会了渔民下回棋。回天上时，还把身上带着的棋子撒向大海，于是这海湾里到处都是棋子石，后来人们就把这海湾叫棋子湾。

现在，昌化、海尾、新港一带渔民经常下的回棋，据说就是北斗星和南辰星两位神仙传下来的。

皇帝洞传说

传说天上玉皇大帝巡视九州，看到海南岛山清水秀，百花飘香，是皇子降生的好地方，就派雷神把昌化江上游的五勒岭炸开一个山洞，并修造石台、石椅、石床，供皇帝生育后代使用。

传说有两位龙子兄弟，相继在人间娶了老婆，成家立业。可是这个哥哥很贪心，想占弟弟的财产，就设计把弟弟害死了。弟媳怀孕在身，为保住孩子，就沿昌化江逃到五勒岭雷神炸开的山洞里，不久便生下了一个男孩。这男孩子刚生下来就会讲话，两只手紧握拳头，谁也扒不开。孩子生性精灵，山洞里十几丈高的石台他能上，几千斤重的石头他能搬，母亲做的摇篮他不肯睡，专爱睡石床。

后来男孩为了给父亲报仇，在和杀父仇人争斗的过程中牺牲了。

消息传开后，黎山百姓纷纷赶来，他们把小孩的尸体埋在洞里，用石块垒起一个很大的石墓；又把石椅、石床、石台、石剑、石马搬到墓前排开，给亡者的在天之灵供用。从此，这个山洞被称为“皇帝洞”。

昌江怎么玩						
基本概况	位置：海南岛西部					
	陆地面积：1617 平方千米					
	人口：截至 2020 年，常住人口 23.21 万人					
景点	海南霸王岭国家森林公园植物园景区	海尾湿地公园	棋子湾	石碌铁矿	皇帝洞	古昌化城
	昌化岭	燕窝岭	斧头山自然保护区	滨海沙漠		

续 表

昌江怎么玩						
酒店	海南万国棋子湾海滩大酒店	海南棋子湾开元度假村	海南银湾美高梅花园酒店	海南希望·棋子湾家园度假酒店	宜尚酒店（昌江石碌店）	昌江霸王岭雅加会议中心
学校	昌江中学	昌江矿区中学	乌烈中学	昌化中学	海南铁矿第四子弟中学	红田中学
	海尾中学	昌江民族中学	海钢一中	木棉学校	石碌镇中心学校	耐村中学
	昌河中学	昌城中学	昌江县西区学校	叉河中学	南罗中学	海钢子弟指定第四中学
市场	石禄中心市场	农贸市场	第三农贸市场	河北便民市场	乌烈镇综合市场	铁矿第一市场
	大坡市场	家居建材城	石禄第二集贸市场	十月田农贸市场		
商场	凯达商业广场	华田商业广场	昌江县民族贸易公司商场	盛盛百佳汇（昌江店）	世纪华联购物广场（乌烈店）	亚西亚商业广场
	国美电器	广百汇商场				

续 表

昌江怎么玩						
医院	昌江黎族自治县中西医结合医院	昌江黎族自治县人民医院	昌江黎族自治县中医院	昌江现代医院	红林医院	红田医院
	霸王岭林业局职工医院					
机场						
火车站 / 动车站	棋子湾站					
港口码头	石碌港	昌化渔港				
重要基地						
2021 年入选海南民营百强企业名单	海南矿业股份有限公司					
工厂	海南矿业股份有限公司－设备检修厂	红红门窗厂	中天矿业公司	海南省石碌钢铁厂	海南钢铁公司选矿厂	华丰印刷厂
	昌江星工厂	昌江恒大水塔厂	海南矿业股份有限公司动力厂	宏昌环保砖厂	永盛印刷厂	霸王岭林业和草原局林化厂
	红林胶厂	金江水泥预制厂	矿建塑料厂	坝王岭生猪屠宰场	昌江金香花花生油场	椰树水泥厂
	闽丰大理石加工					

续 表

昌江怎么玩						
历史人物	周国明					
管辖区镇	石碌镇	十月田镇	乌烈镇	昌化镇	海尾镇	七叉镇
	叉河镇	王下乡				
特别节日	“三月三”	海尾闹春	木棉节	赛龙舟	杧果节	
夜市						
特色美食	白切乳猪	海蟹之类	鱿鱼粉丝堡	乌烈乳羊	昌江杧果	黎族土陶
	白切小羊	冬瓜海螺汤	油炸鱼	黎族山兰酒	昌江海鲜	野生蜂蜜
	清蒸鱼头	猪尾巴花生堡	油炸排骨	鱼茶		
特色工艺	昌江玉	苗族银饰				
总领事馆						

海南省地图（政区版）

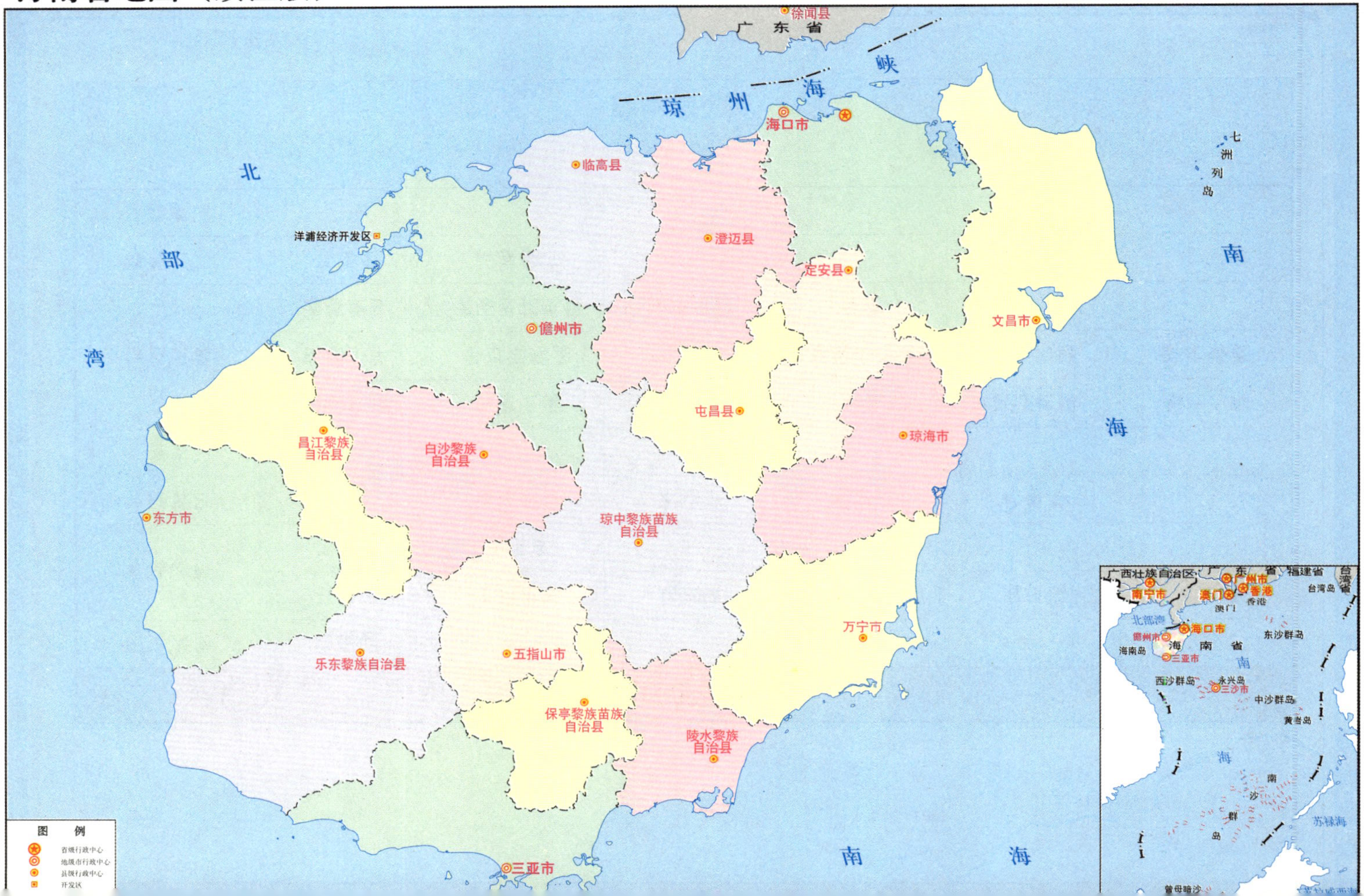

徐闻县
广东省
琼州海峡
海口市
临高县
澄迈县
定安县
文昌市
七洲列岛
北部湾
洋浦经济开发区
儋州市
屯昌县
琼海市
昌江黎族自治县
白沙黎族自治县
琼中黎族苗族自治县
东方市
万宁市
乐东黎族自治县
五指山市
保亭黎族苗族自治县
陵水黎族自治县
三亚市
南海
图例
省级行政中心
地级市行政中心
县级行政中心
开发区
广西壮族自治区
广东省
福建省
台湾省
台湾岛
南宁市
广州市
澳门
香港
北部湾
海口市
儋州市
海南岛
三亚市
海南省
东沙群岛
西沙群岛
永兴岛
三沙市
中沙群岛
黄岩岛
南沙群岛
苏禄海
曾母暗沙

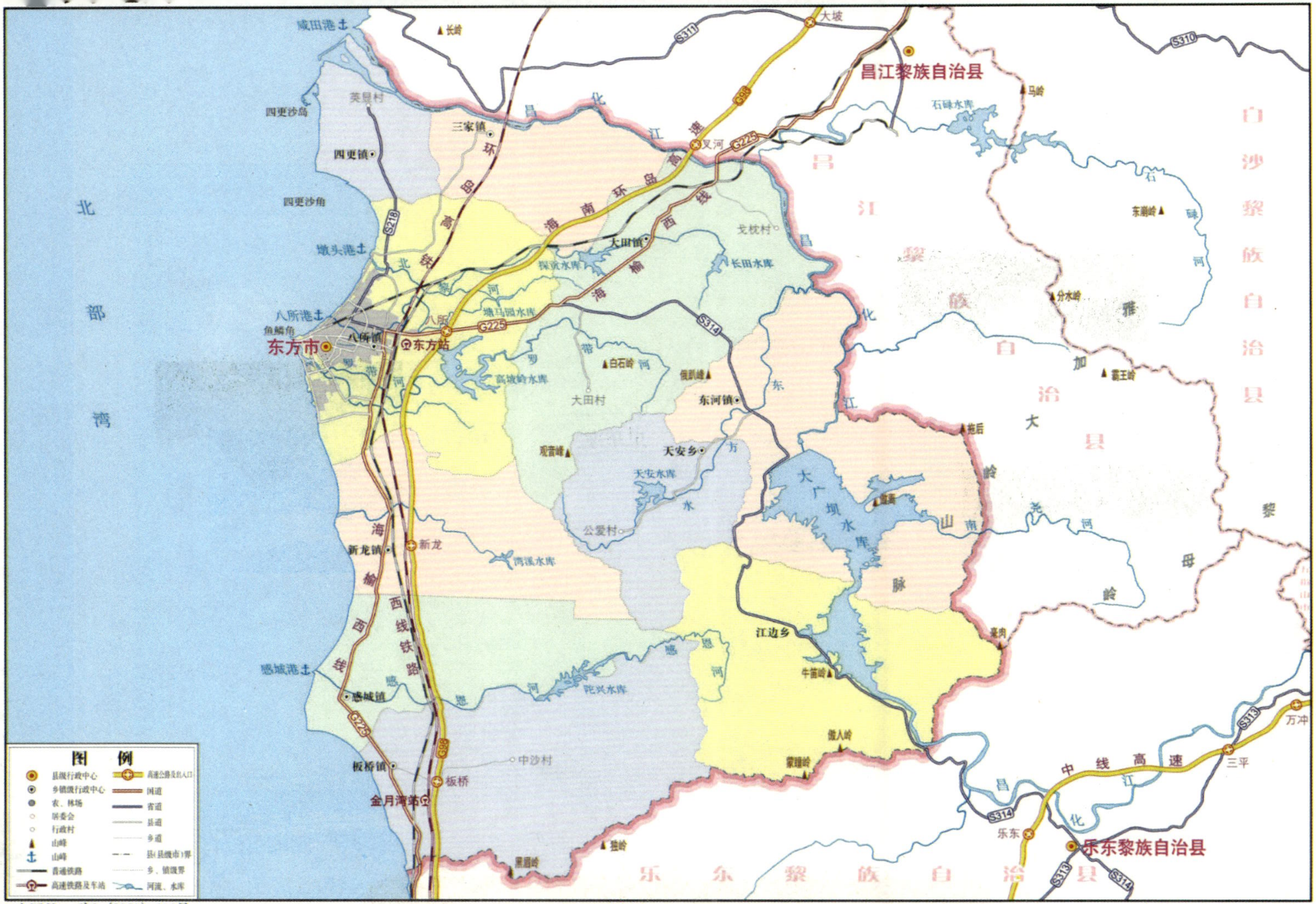

审图号：琼S（2021）010号　比例尺 1∶400 000　海南测绘地理信息局 监制

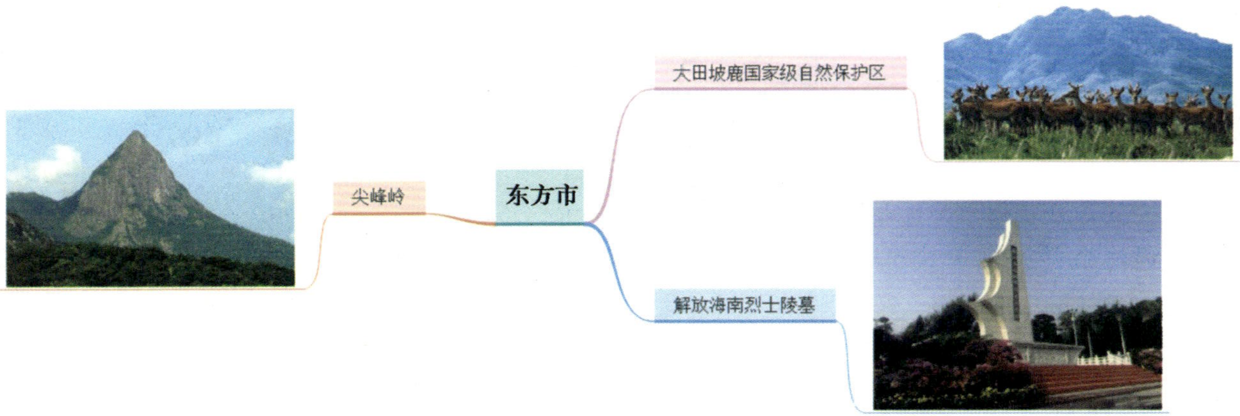
东方市
尖峰岭
大田坡鹿国家级自然保护区
解放海南烈士陵墓

东方市（以下简称东方），位于海南岛西部偏南，陆地面积 2272 平方千米，2020 年常住人口 44.44 万。

著名的旅游景点有大田坡鹿国家级自然保护区，解放海南烈士陵墓，尖峰岭。

著名的酒店有东方佳源东方索契酒店、东方傲玥丽呈酒店、东方泰隆大酒店等。

东方市主要以九年制义务教育学校为主。

购物可以到东海市场或者宝真购物广场等大型商超购买。

看病可以到东方市东方医院、东方现代医院等咨询医师。

东方有东方机场，主要配套物流园区建设，努力打造全国乃至全球快递物流枢纽，动车站有东方站和金月湾站。

东方下辖 10 个乡镇。

2021 年入选海南民营百强企业名单中，东方暂时没有企业入选。

东方历史上有刘开汉等革命先烈。

黎族的土地庙

东方市极英村是个历史悠久的黎族村寨，自古至今，当地所居住的村民是属于美孚支系的黎族人。该村前路边树丛中的隐蔽之处，有一个用弯弯曲曲的树枝搭建的小棚子，里面有一块石头。村民们赶牛耕田经过它时，都格外小心，严防牲畜到树丛寻食时碰撞它。每逢盛大节日，村寨里的全体男性村民都聚集在它面前，举行一种特殊仪式。然后，众人集体在小棚子前做一番膜拜。这个小棚子里安放的是一块石头，村民们所做的礼仪是黎族原始宗教中的自然崇拜。

美孚黎村民称那种小棚子为“土地庙”，称那块石头为“头替”。每年春节前后，全村人员集中，将庙宇整饰一新，并且虔诚膜拜，祈求来年全寨平安。

海南坡鹿

坡鹿是热带地区的稀有珍贵鹿种，国外分布于印度、缅甸、泰国等地区，在我国仅分布于海南省东方市大田乡、白沙黎族自治县邦溪等范围较窄的丘陵灌木草丛地带；在我国的 17 种鹿类动物中，坡鹿是最为珍贵的种类之一。它的科学价值和医药价值很高，20 世纪 80 年代中期，一只坡鹿售价就高达 1 万多元，比梅花鹿、水鹿高几倍至十几倍。

海南坡鹿四肢瘦长，毛色亮泽，视听异常灵敏，一二公里以外都能互相呼应。 在历史上，海南坡鹿的活动范围在中部和西部的半山半坡地区，即现在的东方、昌江、白沙、乐东等黎族自治县境内。由于人们乱捕滥杀，坡鹿一度曾濒临灭绝境地，至 20 世纪 50 年代初，仅剩 200 头左右。现已被定为国家一级保护动物，严禁猎杀。

黎族船形屋

据说，古时海南岛上没有人烟。大禹统治天下时，有个小国，国王有个女儿叫丹雅公主。她嫁给了三任丈夫先后都死了。法师说她是扫帚星下凡，在家家破，在国国亡，一时弄得满城风雨，人心惶惶，大家纷纷恳求处死丹雅公主。但是此时，丹雅公主已身怀六甲，国王不忍心下手，便在一个北风呼啸的清晨，准备了一只无舵无桨的小船和一些酒食，又备了一把山刀和三斤谷种。丹雅公主养的一条小黄狗也跟着她一起上了船。小船在风中漂入了茫茫大海，不知过了多长时间，历尽劫难的丹雅公主的船在一个荒岛岸边搁浅了。她看到了远处的高山峻岭，也看到了成群的猴子无忧无虑地穿行于林间，所有的忧郁和恐惧一下子消失了。在饱餐了野兔和鸟蛋之后，丹雅公主在这个荒岛定居下来。

为了躲避风雨，防御野兽的侵袭，丹雅公主在海滩边竖起几根木桩，然后把小船倒扣在木桩上当屋顶，又割来茅草围在四周，便有了属于自己的家。白天她带着小黄狗上山打野兽、采野果。晚上睡在这船屋里，小黄狗忠实地守在门口。后来，船板烂了，她割下茅草盖顶，这就是黎族人所居住的船形屋的雏形。

后来公主生下一个男孩，男孩长大后历尽千辛万苦与一位仙女结合，他们以船形屋为住宅，过着刀耕火种的生活，在孤岛上，也就是现在的海南岛上，一代一代地繁衍下来。黎族人民为了纪念乘船漂洋过海来到海南岛定居的祖先，都依着木船的模样盖起了船形屋。

东方怎么玩						
基本概况	位置：海南岛西部偏南					
	陆地面积：2272 平方千米					
	人口：截至 2020 年，常住人口 44.44 万人					
景点	大田坡鹿国家级自然保护区	鱼鳞州风景区	黄花梨森林文化公园	解放海南烈士陵墓	大广坝水库旅游区	
	猕猴岭省级森林公园	俄贤岭	尖峰岭（乐东与东方之间）	天南第一泉（汉马伏波井）	海南铁路博物馆	横四特司令部旧址
	新街贝丘遗址	九龙县治遗址	感恩县治遗址	虞山摩崖石刻	楼公坟	八所“万人坑”
景点	付龙园遗址	符确故里	古镇州城遗址	大元军马屯兵场	蠓蚁坟	王道熙墓
	大雅坡县治遗址	麦家祠惨案旧址	感恩学宫			
酒店	东方佳源东方索契酒店	东方傲玥丽呈酒店	东方泰隆大酒店	东方紫荆花大酒店	东方迎宾馆	新东方酒店

东方怎么玩

酒店	东方良智海景大酒店	东方嘉华精品酒店	格菲酒店（东方店）	柏曼酒店（东方高铁站店）	维也纳酒店（东方大道高铁站店）	东方唐古拉酒店
	尚客优品酒店（东方大道高铁站店）	东方杧果水晶酒店	东方云天大酒店	海东方海景公寓酒店		
学校	八所中学	东方市职业学校	东河中学	中沙中学	小岭学校	龙池学校
	铁路中学	八所港务中学	四更中学	大田中学	三才学校	公爱学校
	民族中学	琼西中学	新龙中学	三家中学	春蕾学校	江边学校
	东方市第二中学	感城中学	板桥中学	天安中学	龙达学校	
市场	东海市场	板桥镇农贸市场	昌顺市场			
商场	万福隆商厦	益源百货	昌茂商城	永安购物广场	东方市博海商场	东方龙珠商城
	百货商场	宝真购物广场	百汇购物广场			
医院	东方市东方医院	东方现代医院	东方康平医院	红泉农场医院	华侨农场医院	
机场	东方机场（物流运输）					

续 表

东方怎么玩						
火车站 / 动车站	东方站	金月湾站				
港口码头	八所港	苗村渡口	海鲜码头			
重要基地	东方工业园区					
2021 年入选海南民营百强企业名单						
工厂	东方城东欣清润纯净水厂	采石场	环保砖厂	益农有机肥厂	水泥制品厂	制冰厂
	伟峰食品厂	电杆厂	印章厂	良兴机械厂	塑料编纺厂	金属加工厂
	帆布厂	沙场	光大印刷厂	烟海水泥厂	红砖厂	冰厂
工厂	感城保金大型蔬菜瓜果品冷藏保鲜冷库制冰厂					
历史人物	刘开汉					

续 表

东方怎么玩						
管辖区镇	八所镇	大田镇	板桥镇	四更镇	天安乡	东方华侨农场
	东河镇	感城镇	三家镇	新龙镇	江边乡	
特别节日	三月三盛会	“哥隆人”的婚礼				
夜市	东方花园夜市	夜市小食街				
特色美食	红椒酿肉	椰子船	东方羔羊			
特色工艺民俗	东方藤器	美孚黎族的婴儿“穿衣礼”				
总领事馆						

海南省地图（政区版）

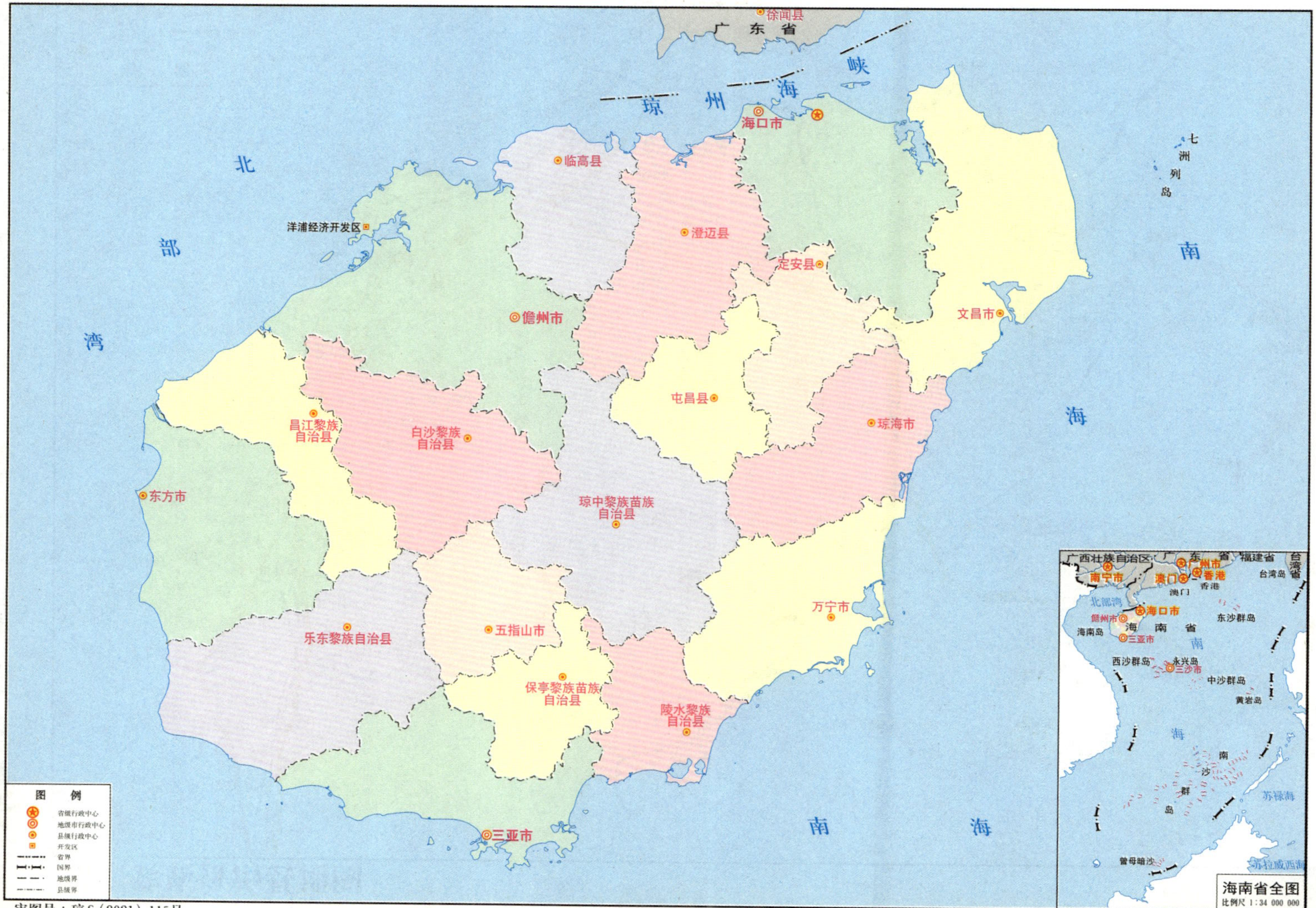

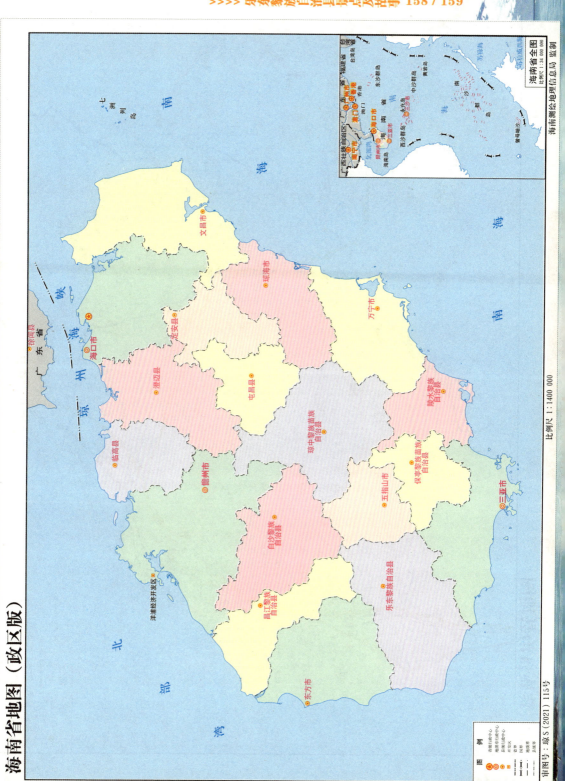

审图号：琼S（2021）115号

比例尺 1:1400 000

海南测绘地理信息局 监制

乐东黎族自治县地图

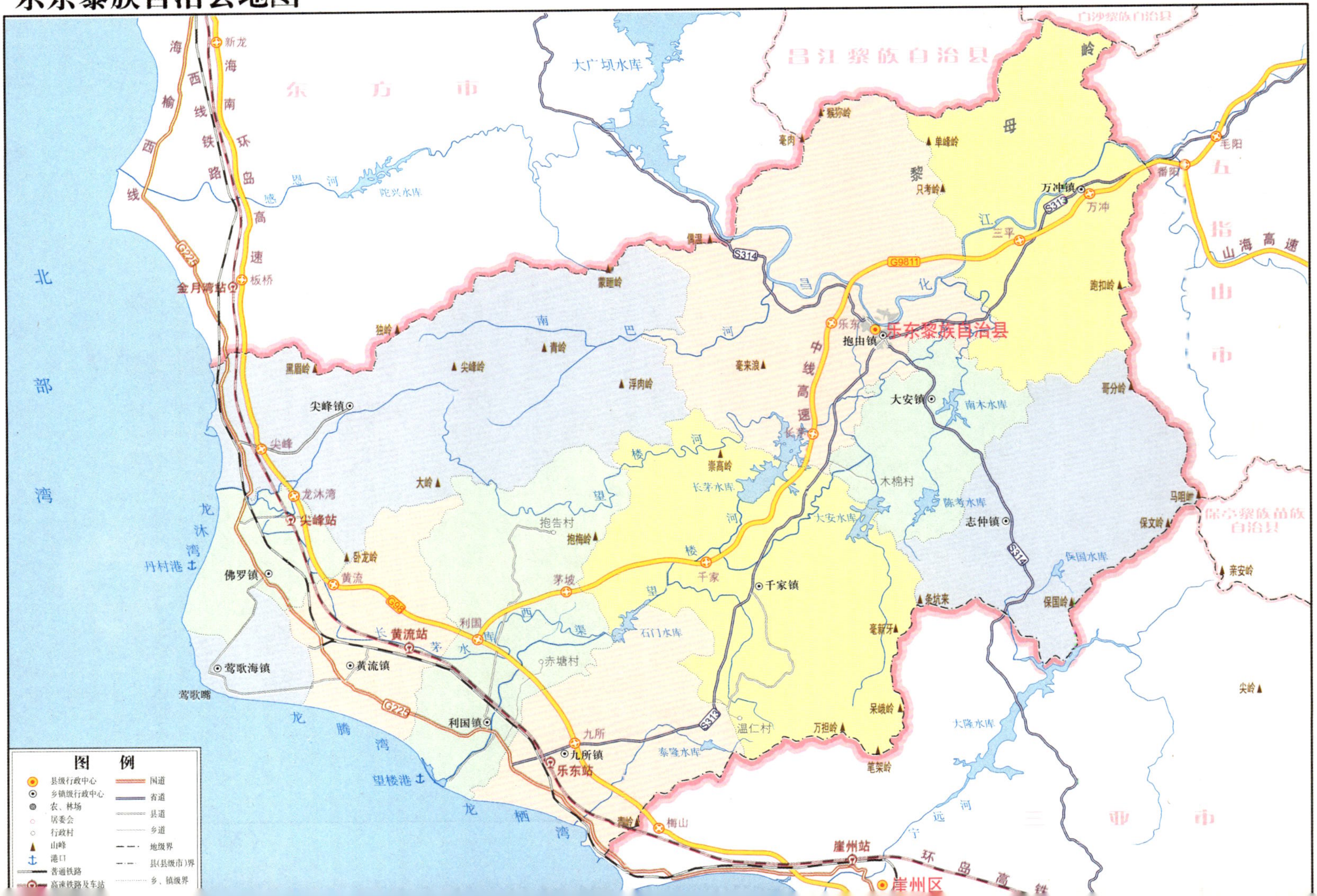

乐东黎族自治县
抱由镇
万冲镇
大安镇
志仲镇
千家镇
九所镇
利国镇
黄流镇
佛罗镇
尖峰镇
莺歌海镇
东方市
昌江黎族自治县
白沙黎族自治县
五指山市
保亭黎族苗族自治县
三亚市
崖州区
北部湾
龙沐湾
龙腾湾
龙栖湾
丹村港
望楼港
莺歌嘴
大广坝水库
陀兴水库
长茅水库
大安水库
南木水库
陈考水库
保国水库
石门水库
大隆水库
秦邕水库
黎母岭
昌化江
南巴河
望楼河
宁远河
感恩河
长茅水
西环高铁
海南环岛高速
中线高速
山海高速
海榆西线
西环铁路
环岛高铁
乐东站
黄流站
尖峰站
崖州站
金月湾站
G98
G9811
G225
S313
S314
图例
县级行政中心
乡镇级行政中心
农、林场
居委会
行政村
山峰
港口
普通铁路
高速铁路及车站
国道
省道
县道
乡道
地级界
县(县级市)界
乡、镇级界

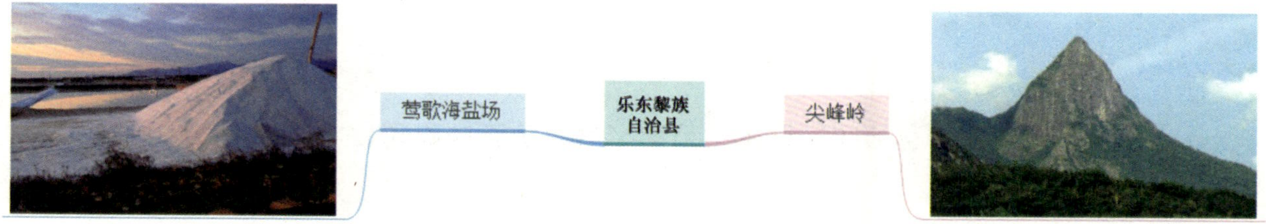
莺歌海盐场
乐东黎族
自治县
尖峰岭

乐东黎族自治县（以下简称乐东），位于海南岛西部偏南，陆地面积 2766.42 平方千米，2020 年常住人口 46.44 万。

著名的旅游景点有海南省尖峰岭国家森林公园、莺歌海高端旅游度假区摩托艇基地等景区。

著名的酒店有海南龙沐湾温德姆至尊豪廷大酒店、永嘉大酒店等。

乐东以九年制义务教育学校为主。

购物可以到新民市场或福乐佳购物广场等大型商超购买。

看病可以到乐东黎族自治县人民医院、乐东黎族自治县中医院等医院咨询医师。

乐东没有机场，动车站有乐东站、尖峰站、黄流站。

乐东下辖 11 个镇。

2021 年入选海南民营百强企业名单中，乐东暂时没有企业入选。

乐东历史上有陈曼夫、林毓豪、陈垂斌、林吉进等近代革命先烈，以及颜任光等科学家。

陈曼夫的故事

陈曼夫 1913 年出生于海南省乐东黎族自治县佛罗镇老孔村。抗日战争爆发后，他在自己的家乡进行抗日宣传，组织抗日武装，曾任抗日游击队大队长、副指挥等职。他多次指挥游击队打击日军，如木头园战斗中击毙日军小队长波泸和数名日军，还有黄流伏击战等。1940 年正月，日军包围了陈曼夫的部队，突围战中，陈曼夫不幸牺牲。

在他牺牲之后，当地百姓用他的名字给这片石岭命名为曼夫岭。

物理学家颜任光的故事

他 1888 年出生于海南崖州乐罗（今乐东黎族自治县乐罗村）。1912 年，从岭南大学毕业的颜任光，考取了公费留学。他先后在康奈尔大学、芝加哥大学攻读硕士和博士学位，致力于气体离子运动的研究，测定了氢气、氧气和氮气的粘滞系数，修正了当时通用的物理化学用表中已被公认的粘滞系数表，获得该校物理学博士学位后留校任教。

1920 年应邀回国，出任北京大学教授、物理系主任，成为中国现代物理学的奠基人。与物理学家丁佐成携手创建了我国第一个现代科学仪器工厂——上海大华科学仪器公司。

颜任光曾应邀兼任私立海南大学的首任校长，扶持家乡的教育事业。他的大儿子颜瑞琪，曾留学加拿大，获博士学位。他的二儿子颜瑞璘是世界工程学界超长基干理论的创立者，曾获得爱因斯坦奖、爱迪生奖、罗诺福奖和赫兹奖，是美国杰出的华裔科学家。

乐东的莺歌海盐场

乐东还有一个千年古盐场，那就是莺歌海盐场。莺歌海盐场虽然建立时间很短，但是海南晒盐业却始于唐代，距今 1000 多年了。莺歌海盐场是 1958 年动工兴建的，1963 年正式投产，产原盐 50 万吨以上，是我国南方最大的海盐生产基地。那里生产的盐色泽纯白，质量上乘，不但供国内人民食用和工农业生产之用，而且还远销日本等国。

乐东怎么玩						
基本概况	位置：海南岛西部偏南					
	陆地面积：2766.42 平方千米					
	人口：截至 2020 年，常住人口 46.44 万人					
景点	莺歌海盐场	海南省尖峰岭国家森林公园	鸣凤谷	莺歌海高端旅游度假区摩托艇基地	莺歌海革命烈士陵园	莺二妈祖庙
	海南琼脂沉香文化艺术馆	佳西自然保护区	西山岭景区	毛公山瞻仰区	凯歌基督教会	白沙河谷本土文化园
酒店	海南龙沐湾温德姆至尊豪廷大酒店	季筑度假公寓（乐东龙沐湾温泉店）	永嘉大酒店（乐东县政府店）	乐东宝利来国际酒店	乐东中州景秀度假酒店	三只熊度假酒店公寓（乐东龙沐湾店）
	乐东假日美地酒店	维也纳酒店（乐东公园店）	洋昇度假公寓（乐东龙沐湾店）	乐东果果园酒店		

续 表

乐东怎么玩						
学校	乐东中学	九所中学	乐东思源实验高级中学	佛罗中学	乐罗中学	尖峰中学
	黄流中学	三平中学	千家中学	福报农场中学	联合中学	乐东卫生学校
学校	乐东民族中学	万冲中学	志仲中学	乐中中学	邵逸夫中学	抱由中心学校
	椰韵实验学校	莺歌海中学	万街中学	乐东黎族自治县老年大学	海南省机电工程学校（乐东分校）	海口旅游职业学校（乐东分校）
	黄流二中	冲坡中学	大安军民中学	海南省乐东职业中专学校	乐东黎族自治县中等卫生职业技术学校	广州白云工商高级技工学校（乐东分校）
	大安镇中学	抱本中学	乐东黎族自治县龙华实验学校			
市场	新民市场	乐罗市场	大安农贸市场	赤塘市场		
商场	福乐佳购物广场	乐东闵兴水暖建材批发商场	乐佳购物广场	利元商业广场	盛盛百佳汇	绿源商业广场
	福乐多					

续 表

乐东怎么玩						
医院	乐东黎族自治县人民医院	乐东黎族自治县中医院	保国医院	乐东县妇幼保健院	海垦乐中医院	山荣农场医院
机场						
火车站 / 动车站	乐东站	尖峰站	黄流站			
港口码头	岭头港	莺歌海渔港				
重要基地	莺歌海高端旅游度假区摩托艇基地					
2021 年入选海南民营百强企业名单						
工厂	粤芳冰厂	乐龙德龙免烤砖厂	纯净水厂	印刷厂	罗马柱厂	乐东县腰果厂
	千家乐丰石场	海南亿丰纸箱厂	石灰厂	水塔厂	尖峰岭林业和草原局综合厂	莺歌海综合加工车床厂
历史人物	陈曼夫	林毓豪	陈垂斌	林吉进	颜任光	

续 表

乐东怎么玩						
管辖区镇	抱由镇	大安镇	千家镇	利国镇	佛罗镇	莺歌海镇
	万冲镇	志仲镇	九所镇	黄流镇	尖峰镇	
重要节日	“三月三”	吃新节	赶秋节	花山节	七月四	“二月二”
	黄流元宵民间艺术节					
夜市	乐兴夜市					
特色美食	黎族甜糟	胡椒肚	扁豆酱	蚂蚁鸡（本地小种鸡）	鱼茶	椰子八宝饭
	腰果	福塘大棚哈密瓜	苗族三色饭	野味生鱼虾	黄流酷粉	红米
	竹筒野黄牛肉	黄流老鸭	白切五脚猪			
特色工艺	龙窑陶艺					
总领事馆						

海南省地图（政区版）

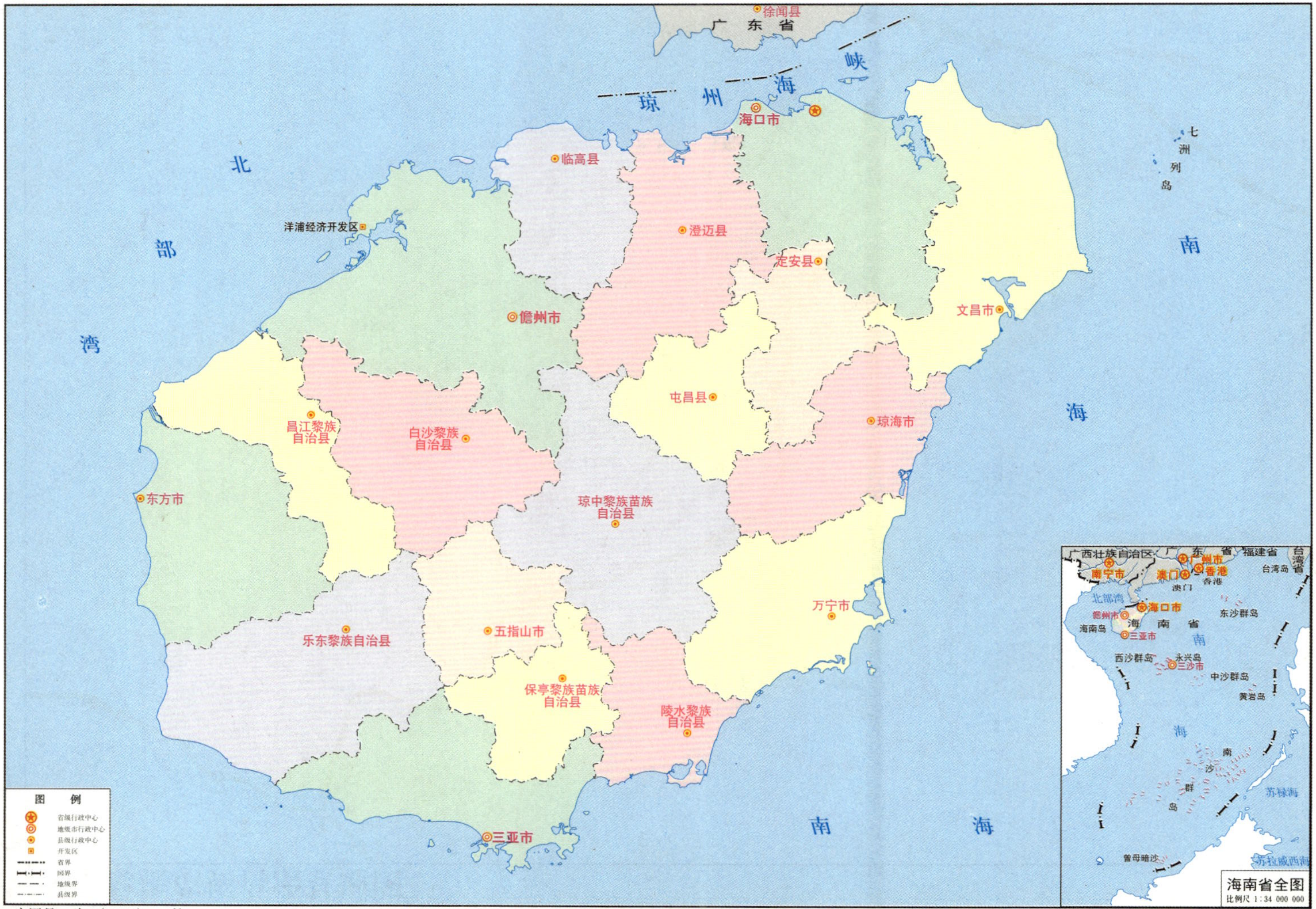

审图号：琼S（2021）115号

比例尺 1:1400 000

海南测绘地理信息局 监制

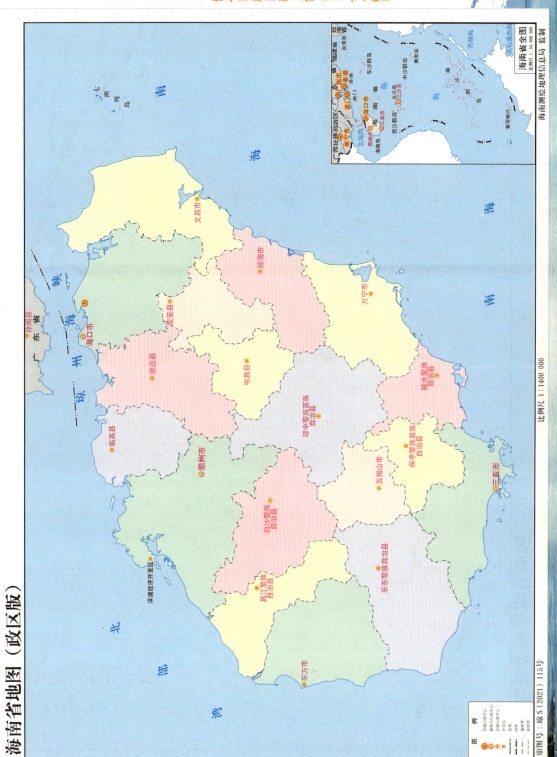

保亭黎族苗族自治县地图

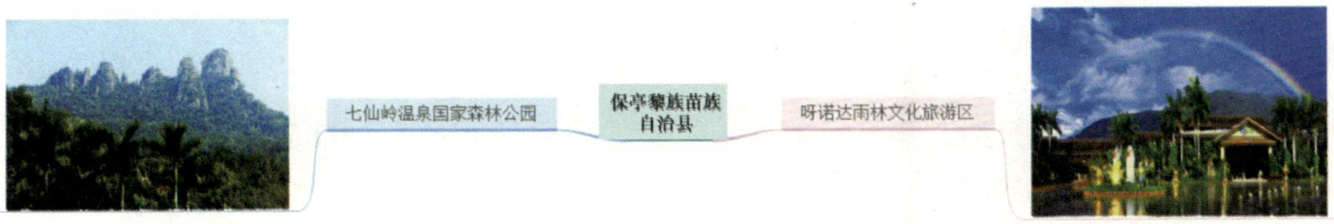
七仙岭温泉国家森林公园
保亭黎族苗族自治县
呀诺达雨林文化旅游区

保亭黎族苗族自治县（以下简称保亭），位于海南岛中部偏南，陆地面积 1153.24 平方千米，2020 年常住人口 15.61 万。

著名的旅游景点有呀诺达雨林文化旅游区、七仙岭温泉国家森林公园等景区。

著名的酒店有海南七仙岭君澜度假酒店、海南七仙岭宝亭荔苑温泉酒店等。

保亭以九年制义务教育学校为主。

购物可以到保亭市场，或者三联百货商场等大型商超购买。

看病可以到保亭县人民医院等咨询医师。

保亭没有机场，没有动车站，有保亭汽车站。

保亭下辖 6 个镇，3 个乡，1 个县管农场，6 个居。

2021 年入选海南民营百强企业名单中，保亭暂时没有企业入选。

保亭历史上有黄光明、王昭夷、陈文理等近代革命烈士。

在保亭，也有很多感人的历史故事和民间传说。

七仙岭甘工鸟的传说

从前有一个名叫阿甘的姑娘，心灵手巧。她唱山歌时，连山林里的鸟都飞来偷听，她跳起舞来像空谷里的旋风，连天上的彩云都绕着她流转。村东头有个叫作拜和的青年猎手，深深地爱上了她，两人在槟榔树下海誓山盟。另一边，早已对阿甘垂涎三尺的峒主，唤人把拜和打了个半

死，将阿甘强行关到自家密室，要她做压寨夫人。阿甘宁死不从，她的性灵羽化成一只有着长长尾椎的鸟，从窗户飞出，来到曾经海誓山盟的地方，见到了奄奄一息的拜和。拜和得知心上人已经羽化，小伙子知道污秽的地面已经缔结不了纯洁的姻缘，于是也化身为鸟，跟随阿甘一同飞向七仙岭的上空。从此以后，人们常常可以看到一对绚美的鸟儿出双入对，不时发出“甘工”“甘工”的叫声。

苗族的赶秋节

苗族虽然是从内陆迁移到海南来的民族，但是在海南也历史悠久，也有很多美丽动人的故事。

传说在很久以前，有个美丽聪明的苗族姑娘，名叫眉丽，她心灵手巧，能绣出带香味的花来。一天，她坐在门口绣花鞋，忽然，飞来一只老鹰，把一只刚绣好的花鞋叼走了。恰巧，老鹰在飞到高山那边时，被一个叫强发的小伙子射了下来。小伙子见花鞋绣得精巧无比，而且上面的花还散发着香味，就猜想能绣出这样的花鞋的姑娘，准是一位心灵手巧又美丽聪明的人，能娶到这样的姑娘该有多幸福啊。

为了找到这个绣花鞋的姑娘，他想出了一个办法：架起了几架秋千……立秋那天，周围村寨的男女青年都赶来荡秋千对歌，而他在人群中以花鞋找人，终于找到了眉丽——他心中渴慕的姑娘。尔后他们坠入爱河，又喜结良缘。后来，每到立秋，青年男女都聚在一起对歌，寻找意中人。

保亭怎么玩						
基本概况	位置：海南岛中部偏南（不靠海）					
	陆地面积：1153.24 平方千米					
	人口：截至 2020 年，常住人口 15.61 万人					
景点	呀诺达雨林文化旅游区	七仙岭温泉国家森林公园	七仙广场	保亭热带植物园	布隆赛乡村文化旅游区	甘什岭槟榔谷原生态黎苗文化游览区
	仙安石林					
酒店	海南七仙岭君澜度假酒店	海南七仙岭宝亭荔苑温泉酒店	保亭神玉岛度假酒店	保亭仙岭郡代尔蒙酒店	保亭戴斯温泉酒店	保亭七仙岭玛莱温泉度假酒店

续 表

保亭怎么玩						
酒店	布隆赛热带雨林度假酒店	保亭七仙岭雨林仙境温泉度假酒店	那香山雨林度假酒店（保亭呀诺达店）	海南七仙岭龙湾珺唐酒店	保亭天艺精品酒店	维也纳国际酒店（保亭中心店）
	保亭七仙河畔度假酒店	七仙岭康乐温泉酒店	保亭七仙岭南美温泉山庄	雅布伦田园山庄酒店（保亭呀诺达店）	海南七仙瑶池温泉度假酒店	海南七仙岭温泉高尔夫球会
	呀诺达风景区禅驿度假酒店	保亭槟榔谷兰花客栈	保亭七仙岭清泉温泉度假别墅	保亭中南温泉公寓酒店	保亭红英山庄	保亭呀诺达哇哎噜那香山雨林度假酒店
学校	保亭中学	三道中学	新政中学	海口市旅游职业学校（保亭分校）	保亭黎族苗族自治县响水镇金江学校	海南省华侨商业学校（保亭分校）
	新星中学	海南省农垦实验中学	南茂中学	保亭六弓中学	保亭黎族自治县中等职业技术学校	保亭思源实验学校
市场	保亭市场	保亭所农贸市场				
商场	三联百货商场	保亭保城金达五金商场	新新百货商场	明亮五金商场	七仙瑶池商场	富达商场
	彩虹商场					

续 表

保亭怎么玩						
医院	保亭县人民医院	保亭县妇幼保健院	海南省国营金江农场医院	保亭县七峰医院	南茂医院	金江医院
机场						
火车站/动车站	（保亭汽车站）					
港口码头						
重要基地	国家一级图书馆：保亭黎族苗族自治县图书馆					
2021 年入选海南民营百强企业名单						
工厂	保亭南茂砖厂	海南冶炼厂	实验印刷厂	苏杭丝绸工厂店		
历史人物	黄光明	王昭夷	陈文理			

续 表

保亭怎么玩						
管辖区镇	保城镇	新政镇	六弓乡	七仙岭农场	金江居	三道居
	什玲镇	响水镇	南林乡	新星居	茶场居	南茂居
	三道镇	加茂镇	毛感乡	热作居		
特别节日	洗龙水	七仙温泉嬉水节	“三月三”			
夜市	七仙广场保亭网红夜市					
本地特产	红毛丹	四棱豆	树仔菜	龙眼		
特色民俗／工艺	《打柴舞》	《打碗舞》	《八音舞》	《双刀钱铃舞》	《逗娘舞》	黎族织锦
	黎族钻木取火技艺	黎族传统器乐				
总领事馆						

海南省地图（政区版）

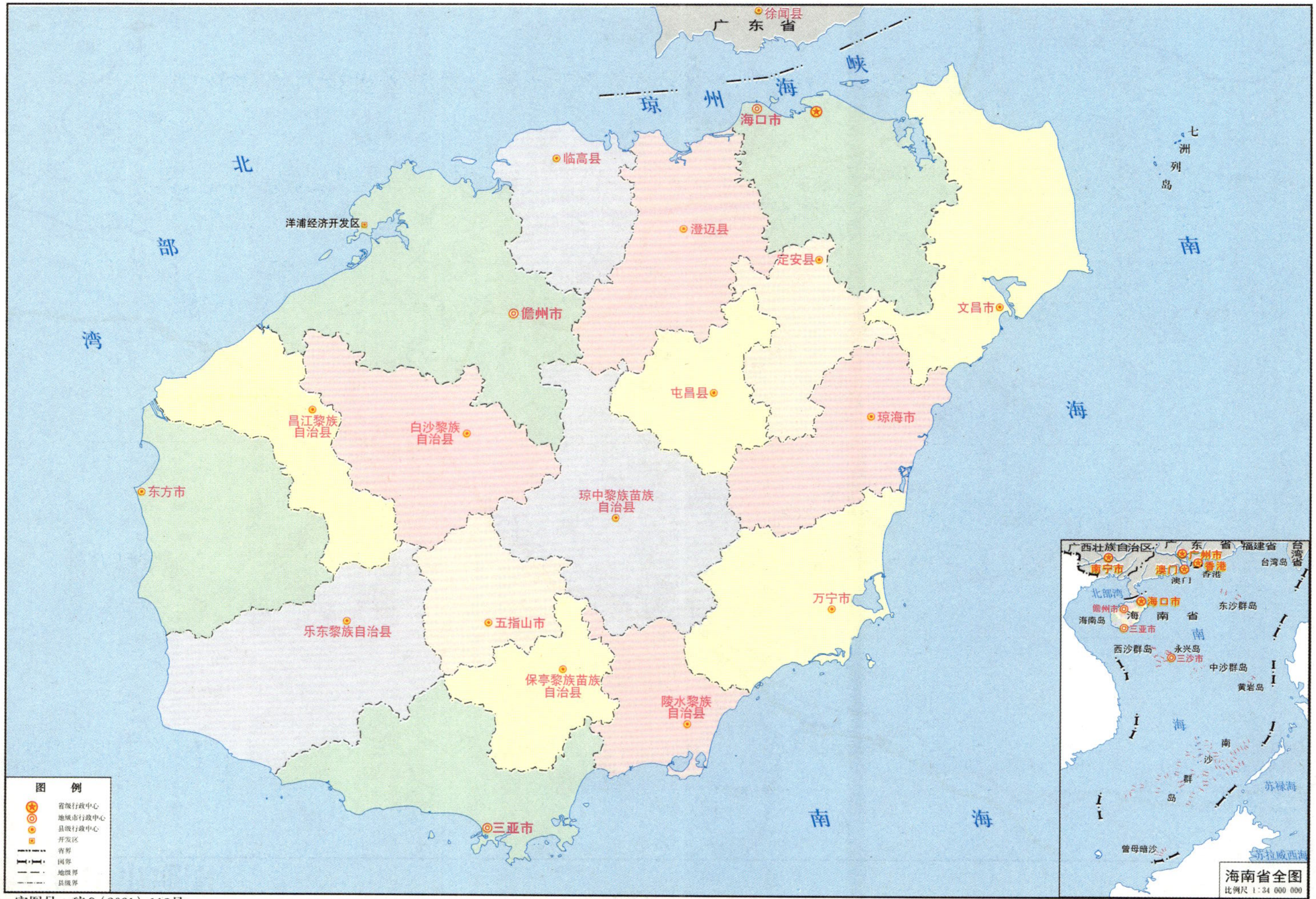

审图号：琼S（2021）115号　　比例尺 1:1400 000　　海南测绘地理信息局 监制

五指山市地图

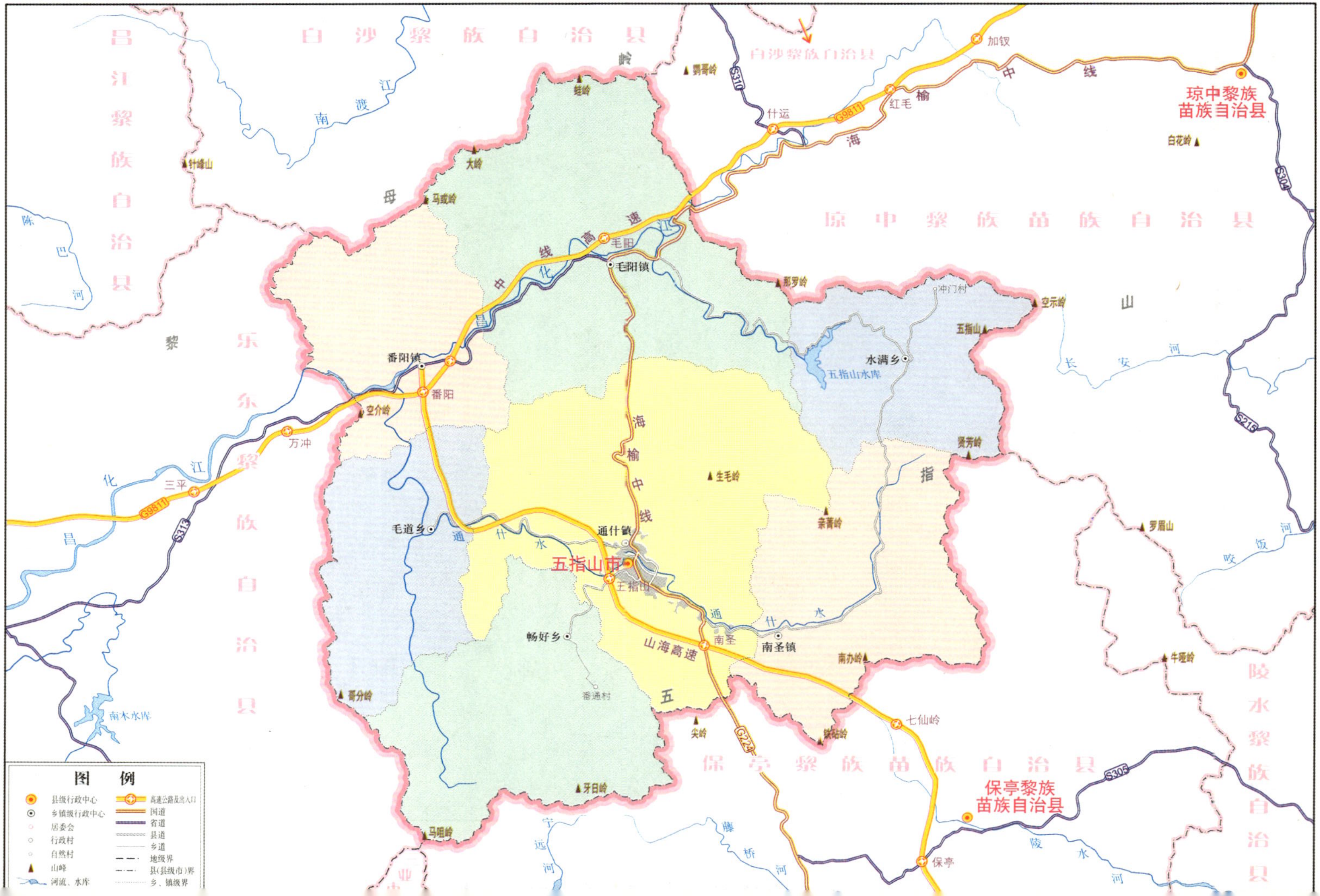
五指山市
琼中黎族苗族自治县
保亭黎族苗族自治县
琼中黎族苗族自治县
白沙黎族自治县
昌江黎族自治县
乐东黎族自治县
保亭黎族苗族自治县
陵水黎族自治县
毛阳镇
番阳镇
水满乡
毛道乡
畅好乡
南圣镇
通什镇
冲门村
番通村
五指山水库
南木水库
什运
加钗
红毛
毛阳
番阳
万冲
三平
南圣
七仙岭
保亭
五指山
海榆中线
山海高速
通什水
昌化江
南渡江
长安河
陵水河
藤桥河
宁远河
咬饭河
陈巴河
五指山
黎母岭
生毛岭
亲青岭
贤芳岭
空示岭
那罗岭
大岭
马或岭
蛙岭
尖岭
牙日岭
马咀岭
哥分岭
空介岭
南办岭
罗雁山
牛吼岭
白花岭
针峰山
鹦哥岭
S310
S304
S215
S305
S313
G224
G9811
图例
县级行政中心
乡镇级行政中心
居委会
行政村
自然村
山峰
河流、水库
高速公路及出入口
国道
省道
县道
乡道
地级界
县(县级市)界
乡、镇级界

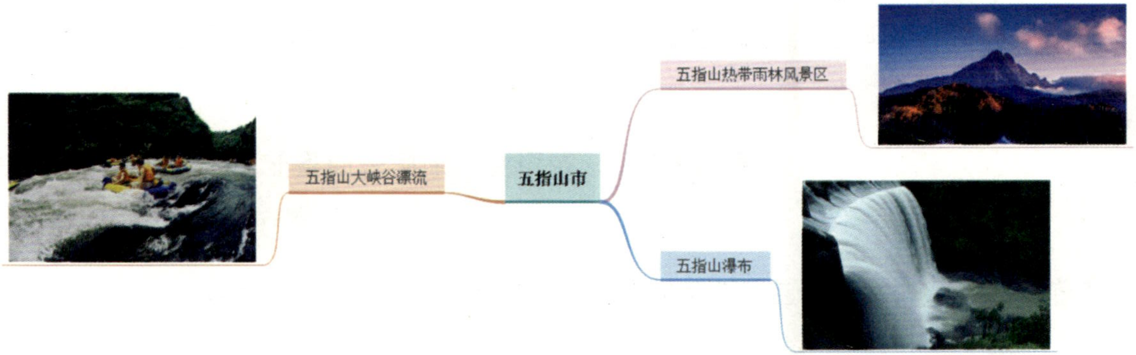
五指山市
五指山大峡谷漂流
五指山热带雨林风景区
五指山瀑布

五指山市（以下简称五指山），位于海南省中部，陆地面积 1144 平方千米，2020 年常住人口 11.22 万。

著名的旅游景点有五指山热带雨林风景区、五指山瀑布、五指山大峡谷漂流等景区。

著名的酒店有五指山亚泰雨林酒店、五指山六艺王宫别墅等。

著名的学校有海南热带海洋学院（五指山校区）、琼州大学以及九年义务教育学校。

购物可以到五指山市第三农贸市场，或者三月三国际购物广场等大型商超购买。

看病可以到海南省第二人民医院、五指山市中医院等咨询医师。

五指山没有机场，没有动车站，有五指山汽车站。

五指山下辖 4 个镇，3 个乡。

2021 年入选海南民营百强企业名单中，五指山有海南福安集团 1 家企业入选。

五指山历史上有王老元、王老荣、王家兴等近代革命先烈。

在五指山，也有很多感人的历史故事和民间传说。

大力神的传说

远古时期，天与地贴得很近，空中流转着 7 个太阳，7 个月亮，人类不堪忍受炎热的炙烤。有位叫抱隆扣的大力神降临人间，一夜之间就把天空高高撑起。第二天，他做了一副巨大的弓弩，唰唰唰地射下了 6 个太阳和 6 个月亮，还从海里捞来大量沙土，在平地上垒起成群的山岭，

并在群山之间划出深深的沟壑。从他身上洒下的汗水，在沟壑里汇成了奔腾不息的河水。完成了开天辟地的事业之后，大力神溘然长逝，升向天空，化成了黎族的图腾。在黎族的建筑物和纺织品中，都能看到他威武的形象。

五指山大仙的传说

黎族老汉阿力按照梦中神仙的指点，在地下挖出了一把宝锄和一把宝剑，用它开垦出了一片良田。阿力临死时，嘱咐5个孩子管好良田，宝锄和宝剑要交还神仙。5个儿子依照父亲的遗嘱，把宝锄和宝剑作为陪葬品，埋进了阿力的墓中。后来坏人阿尾勾结海盗来霸占良田，追查宝锄和宝剑的下落，把5个儿子杀害。四面八方的熊、豹、山鹰等山兽结群而来，把阿尾和海盗咬死，搬来泥土和石块掩埋5个儿子的尸体，后来变成了五指（子）山。

百兽衣的传说

黎族姑娘阿娜与青年猎手劳丹相亲相爱，峒官却要抢阿娜去当小老婆。阿娜与劳丹约定，让他以后穿着百兽皮制成的衣服找她。劳丹依计而行。阿娜设法让峒官脱下官服，换上百兽衣，身着官服的劳丹立即令差役杀死穿百兽衣的人。他们才得以如愿成亲。

黎族的隆闺

进入五指山的黎族聚居地，人们可以听到一些有关黎族人谈情说爱的风俗，“隆闺”就是其中之一。

“隆闺”是黎语，大意是“不设灶的房子”。黎族习俗，孩子长到十三四岁便要搬到“隆闺”去居住，不与父母同居住。男子自己上山备料盖“隆闺”，女子由父母帮盖，大多建在父母住屋附近或村边较偏僻的地方，“隆闺”有男女之分，大小之别，男子住的称“兄弟隆闺”，女子住的叫“姐妹隆闺”，大的住三五人，小的仅住一人，是黎族青年男女由相识到定情的小房子。“隆闺”的式样和住屋相似，不过要狭小得多，室内一般不间隔。“隆闺”仅开一个非常矮小的门，只可弯腰而入，若进得去，便是一段人生历程的开始啦。

“夜游”是黎族青年男女谈情的一种独特形式，它与“隆闺”有密切的联系。每当夕阳西下，男青年们便穿戴整齐，带着口弓或鼻箫，跋山涉水到远山别村的“姐妹隆闺”去，通过对歌和吹奏口弓、鼻箫来寻找情人。若女方同意男方留下过夜，翌日鸡鸣三遍时，男子才告辞归去。这中间没有牵线的中间人，亦没有预约好的时间，全凭着男子的勇气和辛劳，显出了十二分的恋爱自由来，让人好不羡慕。

在“隆闺”中，男子以对歌倾吐感情，使得这些山区村寨夜夜笙歌，宵宵恋情。首先，男子要以歌叩门，女方若同意他进来，就回应一首歌；若不同意，就丢去一首不开门歌，男子只得另找它枝啦。待到男子进得门来，还不可随便乱坐，要对唱见面歌和请坐歌才行。坐下后，男子便要开门见山地表明来意，说明是来找情侣还是来求婚的，女子回应是否已有情人。要是进入的“隆闺”里姑娘多，不知哪个姑娘愿投情，男女便要唱试情歌，愿意的姑娘自然就会回应他的。

情投意合后，男方就向女方送银元、铜钱、针、布衫、腰篓、竹笠等物品，作为定情信物。这样的往来关系，有的达一月或半年，有的需达二三年。待到一对情人恩爱难断时，他们便把婚事告诉自己的父母，然后，选定吉日举行订婚仪式，黎族称“放槟榔”或“放衣服”。当然，也有花谢蒂落、歌断人离的，那就互唱断情分离歌，之后便互不干涉，各自寻找新的情侣。

黎族的摸鱼戏水活动

五指山区一条水流清澈的大溪里，一群光着脚的青年男女在河水里追逐泼水嬉闹，两位身着鲜艳结婚服装的新郎新娘也在其中。新人们在众人的簇拥下弯腰在河水中摸鱼。岸上站着许多捧场助兴的男女老幼乡亲们。

不时有人喊着：“新郎、新娘，摸到鱼了吗？”水中站着的青年男女们故意围着新人们哄闹，有人用河水泼新娘，有人把新郎推来拉去，总是变着法儿阻挡两位新人摸鱼，岸上观看的人仍然叫喊着助兴。

终于，新娘新郎经过种种努力，每人从河水中摸到一条鱼，高高举起来，在岸边人群的欢呼声中一起走上岸来。大家簇拥着新郎佳人朝远处的山寨走去。这就是发生在五指山下雅南村的黎族摸鱼泼水婚礼仪式。摸鱼泼水的婚礼仪式历时两天两夜。

摸鱼泼水的活动结束后，接下来便是喜庆宴席。参加了这项活动的人都重新换上新衣服。姑娘们一个个换上漂亮衣裙，来到了宴席旁，有的人一边晾着湿淋淋的头发和发辫装饰物，一边意味深长地对同她打趣逗乐的人说：

“嘻嘻，都淋湿了，我输了，输得好有味！”

五指山怎么玩	
基本概况	位置：海南岛中部
	陆地面积：1144 平方千米
	人口：截至 2020 年，常住人口 11.22 万人

五指山怎么玩						
景点	五指山热带雨林风景区	海南琼崖纵队司令部旧址观光园	雨林氧吧	太平山瀑布	五指山瀑布	基督教堂
	五指山大峡谷漂流	阿陀岭森林公园	五指山红峡谷漂流	翡翠公园	昌化江之源	原始村落五指山初保村
	空中花园					
酒店	五指山亚泰雨林酒店	五指山六艺王宫别墅	五指山懿品云景度假酒店	五指山珠江水晶酒店	五指山福德莱酒店	五指山红叶大酒店
	五指山椰枫家园酒店	五指山水云居民宿	五指山春和酒店	五指山鹏来酒店	五指山市仁帝山雨林度假公寓	五指山国金大酒店
	五指山华爵商务酒店	途窝假日酒店（五指山店）	海南御景酒店	五指山艺宿里主题客栈	五指山南国夏宫酒店	中闽银山花园酒店
学校	琼州大学	五指山市老年大学	五指山职业技术学校	五指山市民族干部学校	海南民族师范学校	海南省第一卫生学校
	海南热带海洋学院（五指山校区）	海南省农林科技学校（雅蓄路）	海南省民族技工学校	五指山中学	海南第二中学	王麦公纪念中学
	琼公纪念中学	南圣初级中学				

续 表

五指山怎么玩						
市场	南贸中心市场	番阳农贸市场	通什镇原老市场	畅好农场农贸市场	五指山市第三农贸市场	
	鸿鑫农贸市场	河北农贸市场	五指山市人力资源市场	水满旅游商贸市场	通什第二市场	
商场	华佳商贸城	利达购物广场	南兴商场	三月三国际购物广场	五指山宏越五金百货商场	
医院	海南省第二人民医院	海南省平山医院	五指山市中医院	农垦畅好医院	番阳慈心医院	
机场						
火车站/动车站	（五指山汽车站）					
港口码头						
重要基地						

续 表

五指山怎么玩						
2021 年入选海南民营百强企业名单	海南福安集团					
工厂	农副产品加工厂	海南省通升酒厂	洲宙腻子粉厂	番阳橡胶加工厂	五指山市制革厂	金属加工厂
	大江南水泥厂					
著名人物	王老元	王老荣	王家兴			
管辖区镇	通什镇	南圣镇	毛阳镇	番阳镇	水满乡	畅好乡
	毛道乡					
特别节日	“跳竹竿”	“三月三”	斗牛活动	苗家姐妹节		
夜市	（以小区的小夜市为主）					
特色美食	水满茶	竹筒饭	山兰酒	椰子船	清补凉	
本地特色习俗	黎族文身	“隆闺”				
总领事馆						

海南省地图（政区版）

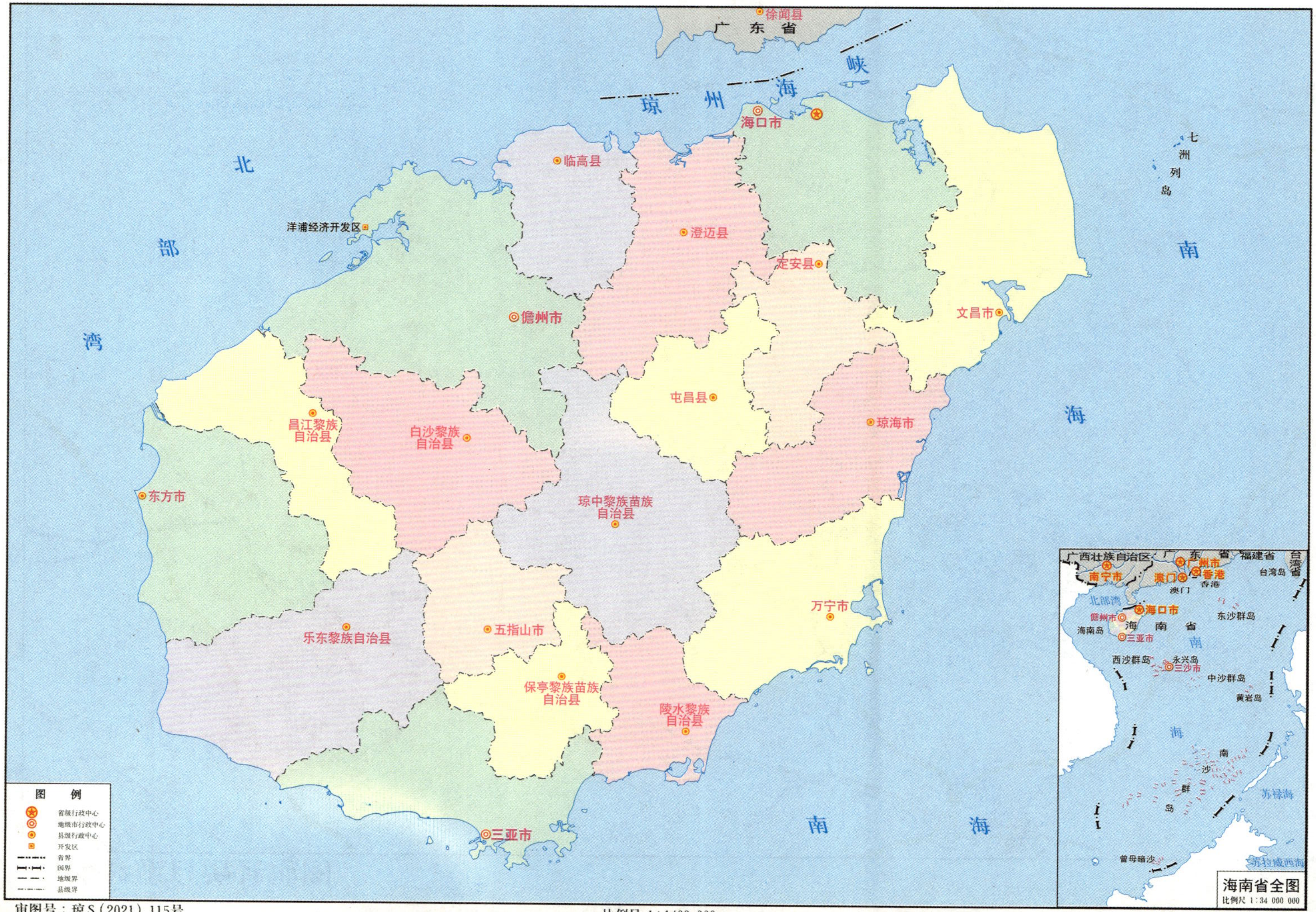

审图号：琼S（2021）115号

比例尺 1:1400 000

海南测绘地理信息局 监制

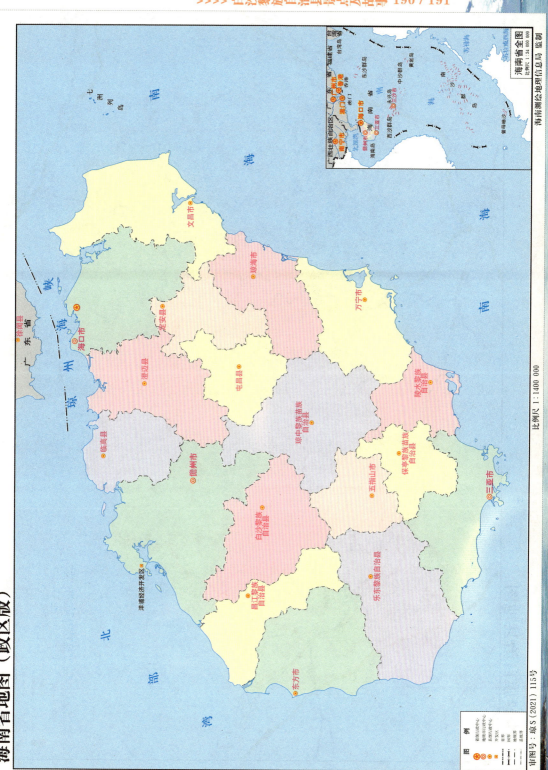

白沙黎族自治县地图

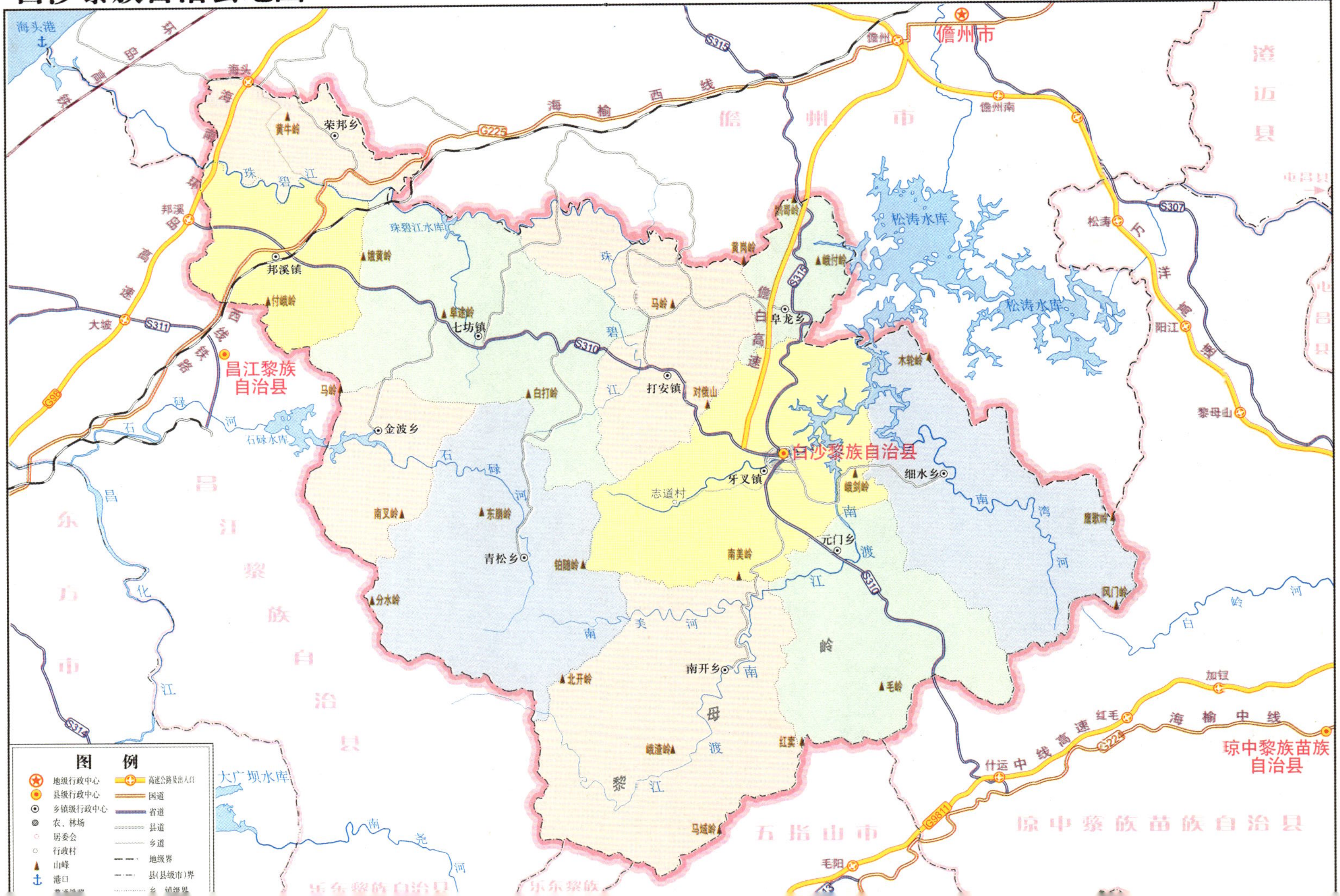
白沙黎族自治县
儋州市
昌江黎族自治县
琼中黎族苗族自治县
五指山市
澄迈县
屯昌县
东方市
乐东黎族自治县
松涛水库
珠碧江水库
石碌水库
大广坝水库
海头港
海头
邦溪
大坡
儋州
儋州南
松涛
阳江
黎母山
加钗
红毛
什运
毛阳
邦溪镇
荣邦乡
七坊镇
打安镇
阜龙乡
牙叉镇
细水乡
元门乡
金波乡
青松乡
南开乡
志道村
黄牛岭
付峨岭
峨黄岭
草建岭
马岭
黄岗岭
峨付岭
鹦哥岭
白打岭
对歌山
峨剑岭
木轮岭
鹿歌岭
风门岭
南美岭
铅锄岭
东崩岭
南叉岭
分水岭
北开岭
峨渣岭
红荬
马域岭
毛岭
海榆西线
海榆中线
环岛高铁
环岛高速
儋白高速
西环铁路
中线高速
G225
G224
G98
G9811
S310
S311
S314
S315
S307
珠碧江
石碌河
南渡江
南湾河
南美河
黎母渡江
昌化江
白岭河
南尧河
图例
地级行政中心
县级行政中心
乡镇级行政中心
农、林场
居委会
行政村
山峰
港口
高速公路及出入口
国道
省道
县道
乡道
地级界
县(县级市)界

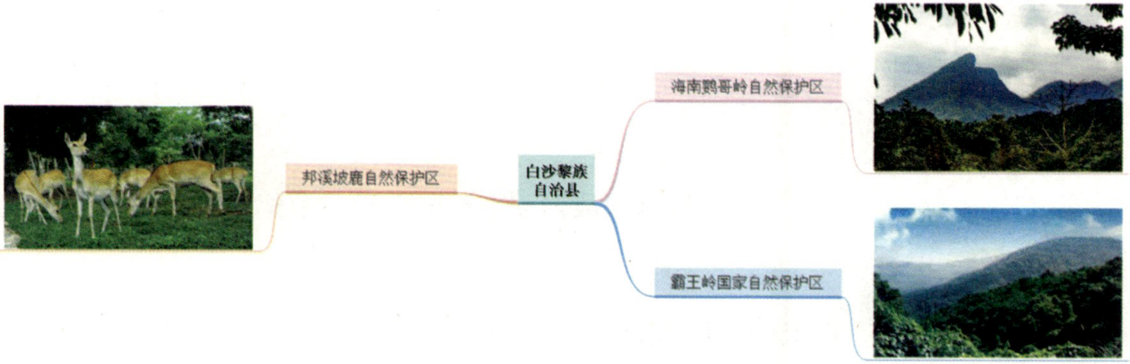
白沙黎族自治县
邦溪坡鹿自然保护区
海南鹦哥岭自然保护区
霸王岭国家自然保护区

白沙黎族自治县（以下简称白沙），位于海南岛中部，陆地面积 2117.2 平方千米，2020 年常住人口 16.46 万。

著名的旅游景点有海南鹦哥岭自然保护区、霸王岭国家自然保护区等景区。

酒店有白沙瑞景商务酒店、白沙邦溪水院民宿等度假酒店。

白沙以九年制义务教育学校为主。

购物可以到向荣农贸市场等批发市场购买。

看病可以到白沙黎族自治县人民医院、农垦白沙医院等咨询医师。

白沙没有机场，也没有动车站，有白沙汽车站。

白沙下辖 4 个镇，7 个乡。

2021 年入选海南民营百强企业名单中，白沙暂时没有企业入选。

在白沙，也有很多感人的历史故事和民间传说。

美女峰的故事

话说，王母娘娘有一个女儿，名叫拜葩，自幼聪慧，娇艳可爱，有“天姿国色”之称。王母娘娘自小欲把她许配给托塔李天王的三太子金吒，但她嫌金吒过于烦人，并不乐意。传说中一年一度的“蟠桃胜会”即将开始，王母娘娘下旨请了各路神仙，但偏偏赤脚大仙及南海龙王未到席，原来在上次孙悟空大闹蟠桃会时，这两位神仙被孙大圣耍了，所以正犹豫要不要赴宴。王母娘娘听到这件事之后，就命师吏洪昀下界催请两位仙使。拜葩听闻此事以后，借下凡看七妹（董永之妻）的理由，请命与师吏洪昀一同下凡间，王母娘娘同意了。

第二天清早，拜葩拜别了玉帝、王母及陪伴自己多年的仙鹦，神采奕奕地伴随师吏洪昀腾云驾雾，飘然而下。不久，他们来到了东胜洲瑶岛（今五指山），五指山势镇汪洋，威宁瑶海，瑶草琪花不谢，青松翠柏长青。拜葩不禁惊叹道："真是一座好山。"拜葩为了一览美景，便飘到白云洞外，只看到烟雾缭绕着一座茅舍。

拜葩入内查探茅舍，只见屋内无人，她便走到了茅舍外。茅舍外有一俊俏的少男，他头戴蓑笠，身披树皮，腰上配着一把刀，手里拿着弓箭，"嗖"的一声，少男射中了一只锦鸡。

这时，少男发现了拜葩，他以为是妖魔，大喊道："哪里来的妖女，在这里作怪，快快报上名来，不然我就一箭射死你。"拜葩听了说："息怒，我不是妖怪，乃是天庭瑶池宫素衣三仙女，我叫作拜葩，我随师吏洪昀下界办事，在这一片独自游玩的时候发现了这一间茅舍，发现没人在屋里，所以独自徘徊了会儿，恕我冒昧。"少男听到这，非常悔恨，连忙道歉。拜葩说道："不知者无罪。"两人就这样认识了，随后拜葩便随着少男到屋子里歇息了。

为了表示主人的诚意，少男将山兰米和山薯混在一起煮成饭，并将锦鸡和干笋炖煮给拜葩品尝，吃惯了山珍海味的拜葩倒觉得这凡间的食物清爽可口。日子一天天过去，少男教会拜葩识草药、挖木薯、补衣裳、做菜……相处了许久日子，拜葩和少男彼此心生爱意。这位少男名叫仃春。

就在这时，师吏洪昀已邀请好两位大仙回天庭复命，回到天庭却发现拜葩还游走在凡间，并将此事告诉王母，王母派遣了托塔李天王到凡间寻回拜葩。到了凡间，李天王催拜葩回归天庭时，她不愿与仃春分开，要求李天王转告王母，她要与仃春结为夫妻永远留在凡间，希望王母恩准。李天王将这件事告诉了王母后，王母大怒，派太上老君及天兵天将擒拿拜葩与仃春回天庭问罪。

天兵天将先把仃春抓上了天，锁在了冷宫（月宫）里。这时李天王好心相劝要拜葩返回天宫，拜葩没有同意，就在天兵天将准备捉拿拜葩的时候，突然一声巨响，一股青烟飘过，只见天空中霞光万道，拜葩化作一座峦峰突兀于天空。

后来，这座山峰便称为“峨葩岭”。远远望去，这座山峰像极了躺卧的少女，故称为美女峰。

拜葩的宠物仙鹦听闻拜葩化为峻岭，每天不吃不喝，面容憔悴。不多日后，王母娘娘命太上老君将仙鹦贬下凡间，只见那仙鹦也化为一座峰峦，日日夜夜朝着西边的方向遥望着自己的主人拜葩化作的美女峰。

白沙怎么玩						
基本概况	位置：海南岛中部					
	面积：2117.2 平方千米					
	人口：截至 2020 年，常住人口 16.46 万人					
景点	海南鹦哥岭自然保护区	红坎瀑布	白沙陨石坑	霸王岭国家自然保护区	木棉湖国际养生度假区	白沙文化公园
	邦溪坡鹿自然保护区	黎波村旧址	海南省黎锦艺术博物馆	高峰村旧址		
酒店	白沙瑞景商务酒店	白沙邦溪水院民宿				
学校	白沙中学	白沙县民族中学	青松中学	元门中心学校	白沙黎族自治县中等职业技术学校	邦溪镇实验中学
	海口旅游职业学校（白沙分校）	邦溪初级中学	龙江中学			
市场	雅钗市场	白沙县公益性农产品批发市场	白沙县平价市场	凤凰城家具广场	白沙县城向荣农贸市场	桥南向荣市场

续 表

白沙怎么玩						
商场	恒发电器商行（海尔专卖店）	国美电器（白沙店）	白沙隆佳园商城	兴旺美的专卖店	瑞通家私商场	白沙牙叉巨达电器商行
	邮购商场					
医院	白沙黎族自治县人民医院	珠碧江医院	农垦白沙医院	海垦牙叉医院	卫星农场医院	
机场						
火车站/动车站	（白沙汽车站）					
港口码头						
重要基地						
2021年入选海南民营百强企业名单						
工厂	光雅木工厂	白沙帆布总厂	宝龙木材厂	白沙黎族自治县水泥厂	白沙黎族自治县食品公司屠宰厂	农林产品加工基地

续 表

白沙怎么玩						
历史人物						
管辖区镇	邦溪镇	七坊镇	细水乡	南开乡	青松乡	荣邦乡
	牙叉镇	打安镇	元门乡	阜龙乡	金波乡	
特别节日	洗龙水	“三月三”				
夜市						
特色工艺/美食	白沙绿茶	藤器	人形骨簪	黎族服饰	敬酒	猪头宴
本地特产	花梨	沉香	槟榔	降香	丁香	益智
	母生	石梓	绿楠	山荔枝	见血封喉	杜仲
	子京	青梅	陆均松	坡垒	青天葵	乌墨
	海南榧粗	油丹				
总领事馆						

海南省地图（政区版）

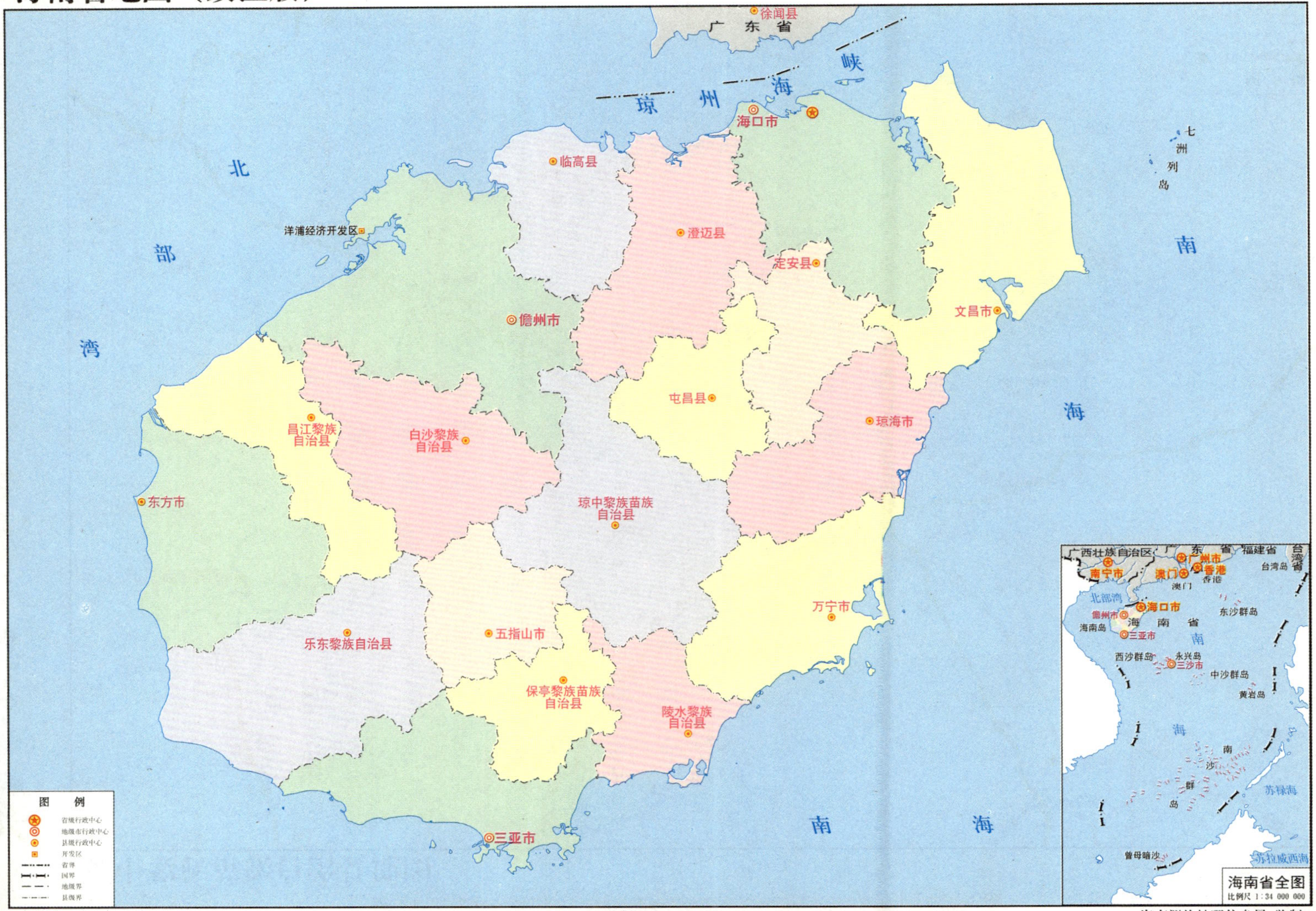
徐闻县
广东省
琼州海峡
海口市
临高县
澄迈县
定安县
文昌市
七洲列岛
洋浦经济开发区
儋州市
屯昌县
琼海市
昌江黎族自治县
白沙黎族自治县
东方市
琼中黎族苗族自治县
万宁市
五指山市
乐东黎族自治县
保亭黎族苗族自治县
陵水黎族自治县
三亚市
北部湾
南海
图例
省级行政中心
地级市行政中心
县级行政中心
开发区
省界
国界
地级界
县级界
广西壮族自治区
广东省
福建省
台湾省
台湾岛
南宁市
广州市
澳门
香港
北部湾
海口市
儋州市
海南岛
三亚市
海南省
东沙群岛
西沙群岛
永兴岛
三沙市
中沙群岛
黄岩岛
南海
南沙群岛
苏禄海
曾母暗沙
苏拉威西海
海南省全图

审图号：琼S（2021）115号　　比例尺 1 : 1400 000　　海南测绘地理信息局 监制

琼中黎族苗族自治县地图

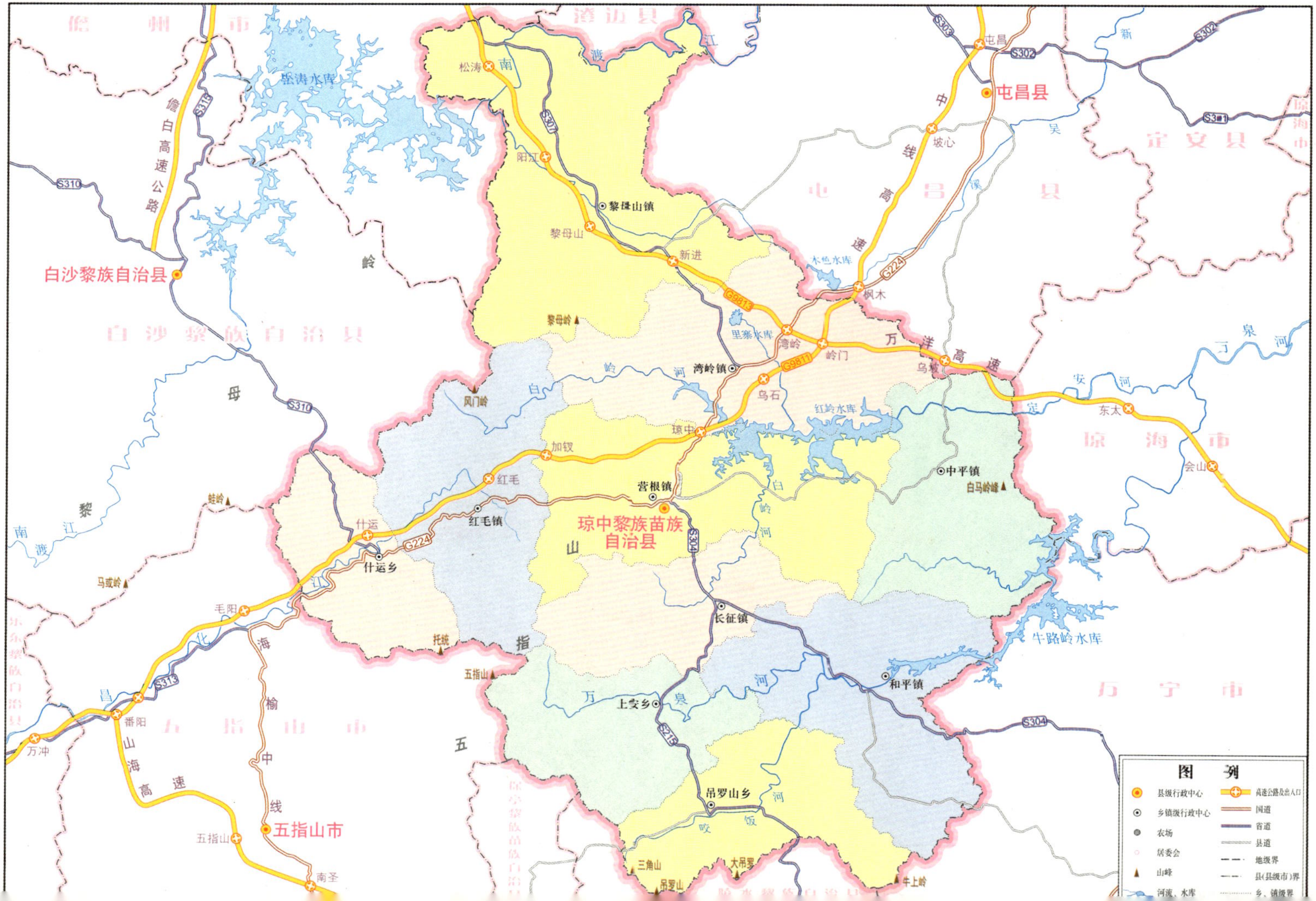

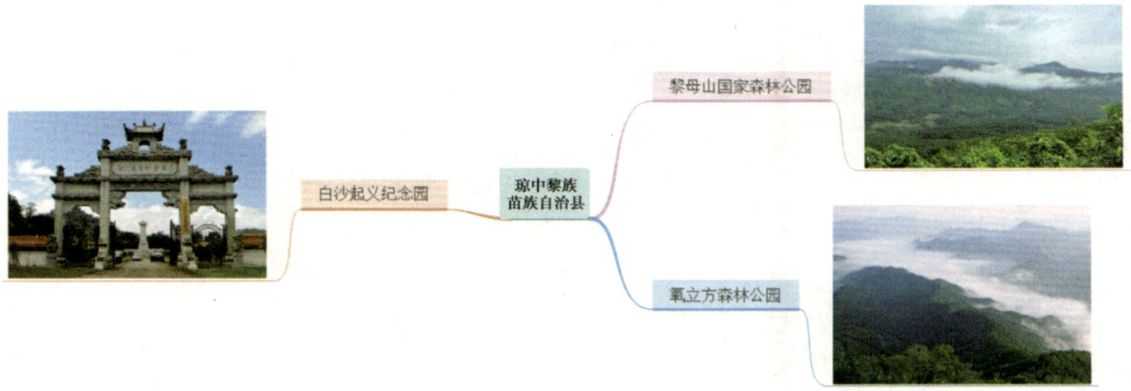
琼中黎族
苗族自治县
白沙起义纪念园
黎母山国家森林公园
氧立方森林公园

琼中黎族苗族自治县（以下简称琼中），位于海南岛中部，陆地面积 2704.66 平方千米，2020 年常住人口 17.95 万。

著名的旅游景点有黎母山国家森林公园、氧立方－森林公园、白沙起义纪念园等。

酒店有琼中永和酒店、琼中德润商务酒店等旅游度假酒店。

琼中的学校有海口旅游职业学校琼中分校，以及老年大学和九年制义务教育学校。

购物可以到营根集贸市场、琼中水果市场等批发市场购买。

看病可以到海南农垦阳江医院、海南省农垦总医院等咨询医师。

琼中没有机场，也没有动车站，有琼中汽车站。

琼中下辖 7 个镇，3 个乡，1 个林场。

2021 年入选海南民营百强企业名单中，琼中暂时没有企业入选。

琼中历史上有王国兴、朱积章等革命英雄。

海南沉香

作为自然遗产，海南沉香和黄花梨一起在财富与权力中心注册了海南岛的域名。沉香其实是某种树木生长过程中的异化物，在海南，主要源自一种叫白木香的树种。

海南历史上，曾经有过一头牛换一担香的时候。但从唐代起，沉香作为朝贡不可或缺的特产，价格一直上涨至今。入宋之后，沉香的消费蔚然成风，海南沉香成为市场上最稀贵的物品，本岛也因此获得“香洲”的称号。上好的野生沉香，价格高昂，堪称植物里的钻石，非一般人物

可以消受得了。贵重的东西一般不能往水里扔，更不能投入火中，但沉香恰恰就是要投入火中，化为灰烬，才能被称为沉香。有了价值的事物，人最怕的是它灰飞烟灭，烟消云散，但沉香的消费，恰恰取的就是灰飞烟灭的过程，因此是一种真正意义上的消费，“比烧钱还要烧钱”。倘若缺少足够的财源支撑，沉香烧起来令人锥心绞肠，全然没有了芳香的感觉。因此，上品沉香在国内目前主要用于收藏和藏家之间的流转赏玩，付诸烟火的只是普通的品类。

海南黄花梨

海南古老的自然遗产，在外边叫得响的，除了沉香，就要数黄花梨了。黄花梨其实是檀木的一种，现代的学名叫降香黄檀，在海南的俗名叫花梨母，区别于一种花犁公的香木。海南是白蚁的乐园，它们贪婪地吞噬着形形色色的事物，连砖头、石块、金属甚至埋在地里的白银，都不能例外。许多高广的庙宇、坚实的堤坝，不知不觉中就被它们蛀吃一空。但对于花梨木芯格这样诱惑的美食，白蚁却消化不起。因此，花梨木有一种近乎不朽的品质。用花梨格做的家具，是可以作为宝物传世的。一个人如果想让子孙记住自己的恩德，就给他们留下一张八仙桌，或是几把太师椅，这是海南沉香带给当地人的共识。

除此之外，花梨母还有一种温馨的气息，闻起来带有点辛辣的味道，让人醒神开怀。正是这种气息，让它具有药物的作用，能够通窍降压，对心血管病人有很好的帮助。加工花梨木时刨出的木屑，可被当作保健茶来饮用，也有人用来做枕头芯。

花梨母是一种坚贞的木材，硬度和韧性俱佳，具有很高的稳定性，不会随环境迁移而变形开裂。因此，它既是做家具的上上等材料，也是做榫卯的最好选择。过去，发了财的人家，高宅大院里没有几件花梨木做的桌椅，心里就觉得欠缺点什么。老人手里拄着一根花梨木拐杖，仿佛就有了德高望重的尊严，孙子也会变得听话。

森林里很多树木都是无芯的，有芯而长出“格”来的很少很少，而花梨格又是格中之格。花梨之于各种树木，如同沙堆里的金子，它之所以具有拔萃的内涵，全在于它长得慢，活得有耐心。

花梨木料做得最多的，是太师椅与八仙桌，还有衣柜、几案什么的，但一般不拿来做床。在海南，用来做床的木材首选荔枝木。花梨性质芬芳但偏于沉凉，利于缓降血压，却不利于腰脊里生机的条畅，弄不好会影响后代。而且，因为过于名贵，花梨木容易招致砍伐，砍伐之后根部随即枯死，永不再生，民间认为此木容易断子绝孙，所以也不适合做屋梁。荔枝则是“利子”的意思，有助人多生贵子的寓意。

黎母山的传说

在海南岛的中部有一座高山，长年云雾缠绕，令人看不清它的真面目。在远古的时候，海南没有人类，山上只有各种飞禽走兽。有一天，天上的雷公云游四方，经过这里，看到海南岛上鸟语花香，真是个好地方。他羡慕地说，要是能住在这里该多好啊，于是他就找来一颗蛇卵，藏在山中，让山上的五色雀照护。

第二年的三月初三这天，雷公再次经过，他从天上打下一声惊雷，山摇地动，震得藏在山上的蛇卵裂开两半，从里面走出一个美丽的姑娘。雷公变成一个慈祥的老爷爷，给这个姑娘取了个名字叫“黎”。于是山中的五色雀、梅花鹿，还有各种小动物都跑来庆贺，它们叫她“阿黎姑娘”。在山中各位小动物朋友的帮助下，阿黎姑娘饿了就采摘野果来吃，渴了就喝山泉水，困了就睡在大树上，无忧无虑，幸福快乐，只是有时不免有些孤独和寂寞。

有一天，一个英俊勇敢的小伙子跨海来到海南岛，到山中寻找一种珍贵的香料——沉香。小伙子在山中遇到阿黎姑娘，他马上被阿黎姑娘的纯真和美丽所吸引，两人相互爱慕，心心相印，从此在一起劳动和生活。他们生了很多子子孙孙，自称为黎族的子孙。后来靠采摘野果已经不够他们生活了，雷公就派五色雀叼来山兰稻种，他们带领子孙后代一起种山兰，喝用山兰酿造的甜美的酒，过着幸福快乐的生活。他们死后，他们的子孙后代为了纪念自己的始祖，尊称她为“黎母”，把他们脚下这座母亲山叫“黎母山”，他们自称“黎人”。

他们又在黎母山上修了一座“黎母庙”，每年的三月初三这一天，他们就成群结队来到黎母山上，载歌载舞，欢庆自己祖先“黎母”的诞生，祈求来年风调雨顺、子孙后代繁衍昌盛。每当这天，雷公都来到黎母山，打下一声春雷，万物苏醒，欣欣向荣，也保佑黎族人民平安健康、生活快乐。

打花棍的传说

在琼中黎族苗族自治县的黎族山寨里，每逢农历十五圆月之夜，青年男女们就常常聚集在村寨前的空地上，玩起“打花棍”的游戏来。“打花棍”是过去黎族姑娘挑选情郎的一种方式，现在已经发展成集娱乐、交友、健身于一体的活动，这源于一个很有趣的姑娘选情郎的故事。

相传很久以前，黎族山寨里有一位姑娘长得俊俏可爱、精明勤劳，她被两个黎族青年同时爱上了。两个青年同时托媒人向姑娘的父母求亲。做父母的去征求女儿的意见，但是女儿总是羞涩地低着头，默不作声，这使得两位老人很为难。一个圆月之夜，求婚的两个青年都来了，他们与姑娘的父母交谈了一会，表白自己求婚的诚意。姑娘的父母决定，让女儿与两个青年对歌，以此

决定婚事。可是经过几个回合的对歌，仍分不出哪个青年的歌唱得好，婚事无法判定。正在为难之际，姑娘的父亲急生一计。他找来一根约6尺长的藤条，要两个青年站在两边，让女儿蹲在中间旋转舞动藤条一周，并规定被藤条打着了或者躲避时跳出藤条的半径以外者，即为败者，而反之为胜者，胜者自然是姑娘的意中人。于是，三个人照此说法做起来，周围看热闹的乡亲也在一边欢呼助兴。姑娘最终选择了意中人。后来，若遇到类似的情况，村里的长辈也常让女儿照此方法，并称之为“打花棍”。

打花棍后来慢慢变成一种多功能的娱乐健身活动，受到黎族青少年的喜欢。每逢黎族“三月三”佳节，打花棍活动更是热闹非凡，不少男女青年就通过这种活动来寻找意中人。

黎族山寨的青年人还常举行另一种“比箭竞婚”的活动。众人把猪腿、牛腿或小羊悬挂在树上为靶，射手们在远处瞄准比射，按中箭多寡分赏。那些比赛中技艺高强、臂力过人的小伙子成为欢宴中的英雄，他们自然受到姑娘们的爱慕，成为“比箭竞婚”的对象。

白玉蟾的故事

白玉蟾，乃黎母真人。

修行是对这个世界的放弃，更是对这个世界的承当。修行是一个人对自身的战争，所谓胜利其实是把自己打败，摧毁一直以来固守的堡垒，不给自己留下任何依靠的事物和立锥的地方。这不是一般人所能为，甚至也不是帝王将相所能为的。除了面对外在的困苦，还要面对身心的骚动与自我的挣扎。

如果说丘濬是海南儒学造诣最高的人物，那道学领域登峰造极者无疑是紫清真人白玉蟾。他从黎母山下起步，走上了一条白云铺成的道路，演绎了出神入化的传奇，扩大了自老子以来传承的道教文化。就因为出了白玉蟾这样的人物，海南岛才多了份修道之气，真正可以叫作“琼岛”。

琼中怎么玩						
基本概况	位置：海南岛中部					
	陆地面积：2704.66 平方千米					
	人口：截至 2020 年，常住人口 17.95 万人					
景点	百花岭风景名胜区	百绿园	黎母山国家森林公园	白沙起义纪念园	琼崖纵队司令部旧址	白沙起义纪念碑
	氧立方－森林公园	长兴飞水岭瀑布	百花廊桥	百花岭瀑布	五指山	

琼中怎么玩						
酒店	琼中永和酒店	琼中德润商务酒店	琼中云宿房车营地			
学校	琼中县实验学校	琼中民族思源实验学校	大丰学校	湾岭中学	琼中县民族中学	长征农场中学
	五指山中学	海口旅游职业学校（琼中分校）	乘坡中学	红毛中学	琼中县上安中学	乌石中学
	南方农场中学	琼中县阳江学校	琼中中学	琼中长征中学	琼中黎族苗族自治县老年大学	
市场	营根集贸市场	阳江集贸市场	乌石集贸市场	岭头农贸市场	湾岭集贸市场	新伟农场市场
	琼中水果市场	琼中第二农贸市场	琼中新市农场	营根工业品市场		
商场	华利电器商场	富豪商城				
医院	海南农垦阳江医院	海南农垦新进医院	海南省农垦大丰医院	海南省农垦总医院（乌石分院）	黎母山慈心医院	
机场						
火车站/动车站	（琼中汽车站）					

续 表

琼中怎么玩						
港口码头						
重要基地						
2021 年入选海南民营百强企业名单						
工厂	海南省琼中碳酸钙厂	尼采手机工厂店	金石加工分公司子午胶厂	中宝科林切片厂	琼中食品厂	琼中彩瓦厂
	家禽屠宰厂	国营乌石农场岭头茶厂	天盛砖厂	绿橙综合加工厂		
重要人物	王国兴	朱积章				
管辖区镇	营根镇	黎母山镇	长征镇	和平镇	上安乡	吊罗山乡
	湾岭镇	红毛镇	中平镇	什运乡	吊罗山乡	

续 表

琼中怎么玩						
特别节日	“三月三”	军坡节				
夜市						
特色美食	琼中绿橙	琼中蜂蜜	琼中椰子鸡蛇煲	琼中小黄牛	苗家五色粽	琼中竹筒饭
	海南干贝					
特色工艺	黎锦	苗绣	藤竹编洗菜篮	制陶技艺		
总领事馆						

海南省地图（政区版）

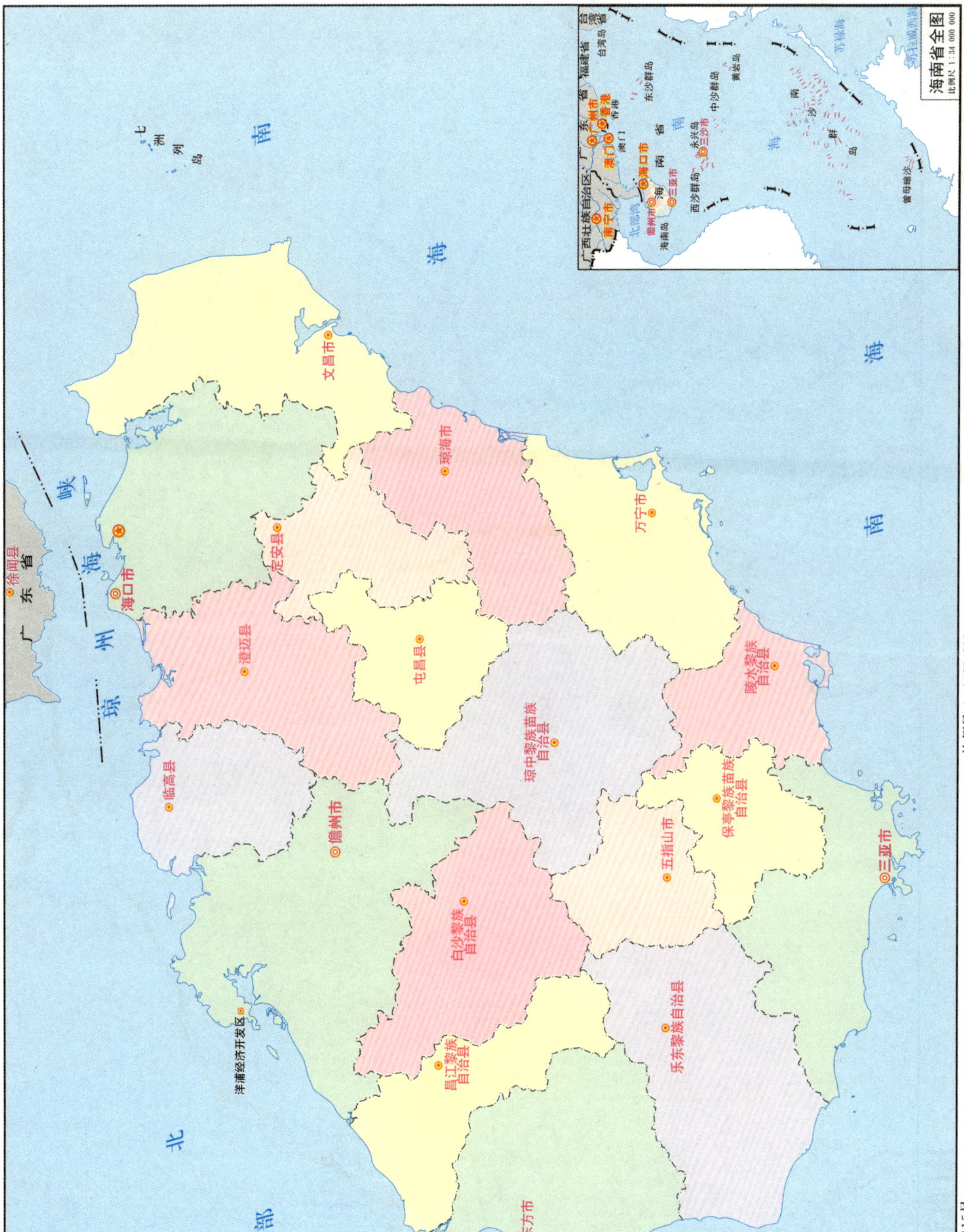

比例尺 1:1400 000

审图号：琼S(2021)115号

海南测绘地理信息局 监制

屯昌县地图

屯昌县
屯城镇
新兴镇
西昌镇
南坤镇
坡心镇
南吕镇
枫木镇
乌坡镇
临高县
澄迈县
儋州市
定安县
海口市
琼海市
琼中黎族苗族自治县
万宁市
海南环岛高速
海榆中线
中线高速
万洋高速
西线铁路
海榆西线
南渡江
南淀河
万泉河
大岭
鹿云岭
美马岭
三柏岭
鸡咀岭
山鸡岭
吊灯岭
海拔岭
分界岭顶
大同水库
竹根水库
良坡水库
高山水库
木色水库
满昌园水库
松涛水库
红岭水库
南扶水库
图例
县级行政中心
乡镇级行政中心
农场
居委会
行政村
自然村
山峰
高速铁路及车站
国道
省道
县道
乡道
地级界
县(县级市)界
乡、镇级界

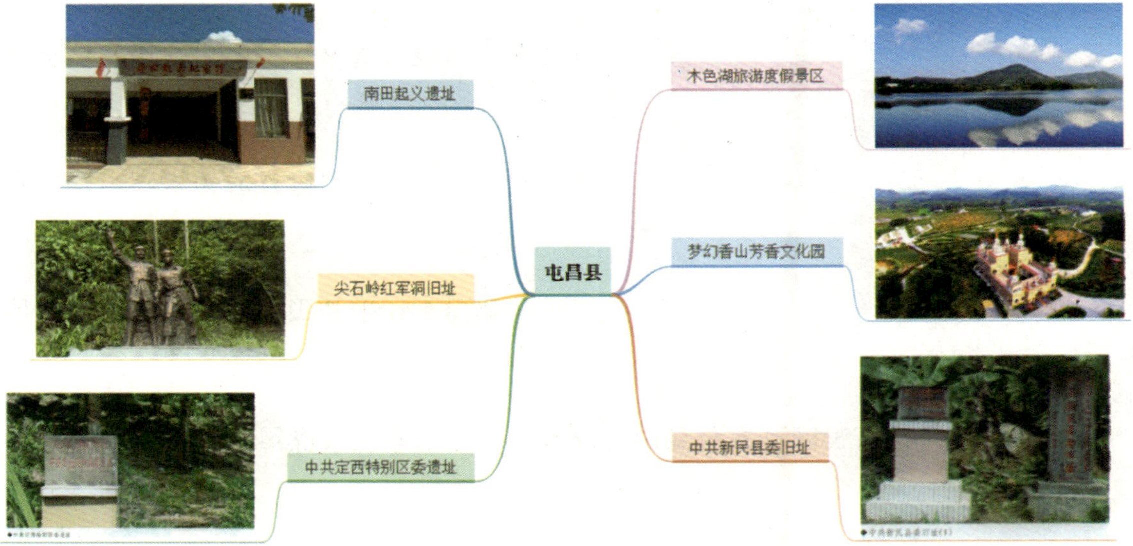
屯昌县
南田起义遗址
尖石岭红军洞旧址
中共定西特别区委遗址
木色湖旅游度假景区
梦幻香山芳香文化园
中共新民县委旧址

屯昌县（简称屯昌），位于海南岛中部，陆地面积 1231.5 平方千米，2020 年常住人口 25.53 万。

著名的旅游景点有木色湖旅游度假景区、梦幻香山芳香文化园等景区。

酒店有屯昌帝豪花园宾馆等旅游度假酒店。

屯昌以九年制义务教育学校为主。

购物可以到新兴市场，或者富源商业广场等商超购买。

看病可以到屯昌县人民医院、屯昌县中医院等咨询医师。

屯昌没有机场，没有动车站，有屯昌汽车站。

屯昌下辖 7 个镇。

2021 年入选海南民营百强企业名单中，屯昌暂时没有企业入选。

屯昌历史上有黄瑞三、陈国盈等革命英雄。

在屯昌，也有很多感人的历史故事和民间传说。

中共新民县委旧址

中共新民县委旧址位于屯昌县国营黄岭农场六队，距南坤镇孔葵头村约 1 千米。

1948 年 2 月 21 日，中共琼崖区党委召开第二次执委会议，会议总结了中共琼崖第五次代表会议以来的工作，讨论制订了后半年的工作计划。1948 年 4 月 1 日，中共新民县委、县政府在南坤孔葵头村宣布成立，张光兴任中共新民县县委书记，符孟雄任县长。1950 年 5 月 1 日，中共新民县委、县人民政府从南坤孔葵头村迁至屯昌墟。因与辽宁省新民县同名，1952 年 6 月 19 日，新民县改为屯昌县。

中共定西特别区委遗址

中共定西特别区委遗址位于屯昌县乌坡镇波心村委会松丛坡村约 500 米大坡公路旁水流岭下。

1949 年 2 月，根据形势的需要，中共琼崖区党委决定，定四区改为定西特别区，并成立临时民主政府（相当于县级建制），由东区地委直接领导。东区地委指示，要把定西特别区建成一个“粮食供给基地，大规模军事行动的战备基地”。

黄瑞三烈士墓

黄瑞三烈士墓位于屯昌县西昌镇合格村委会庆云坡。

黄瑞三（1897–1928)，屯昌县西昌镇庆云村人，是海南屯昌地区早期革命斗争主要发起人之一，革命烈士。

他在澄迈中学读书时，曾任学生会委员，1926 年加入中国共产党。多次组织学生反对国民党镇压学生运动。1927 年 4 月，蒋介石发动反革命政变，王光炜（时任国民党澄迈县县长）在澄迈县制造四二五事变，大肆捕杀共产党人及革命群众。王光炜带兵到庆云村捕杀黄瑞三未遂，便放火烧掉黄瑞三家的三间房屋。根据上级的指示，黄瑞三暗地坚持在农村开展革命活动。1927 年秋，他在庆云村建立了屯昌县第一个党支部——西坡党支部。年底，他又在西昌建立起大坡、大武、南田党支部。同时在良田一带创建了一支农民自卫队。12 月 28 日，黄瑞三率领农民自卫队参加伏击战，打死敌人 8 名，缴获一批枪支弹药和 2 匹战马。1928 年 2 月，任西昌特区区委书记。4 月接任澄迈县委代理书记，积极组织领导群众开展革命斗争。同年 5 月，西昌区苏维埃主席王明成和胞弟王明淦（驳壳班长）叛变。5 月 16 日，叛徒王明成等人以研究工作为名，通知黄瑞三在合格乡的珠宝坡祠堂接头。黄昏时分，黄瑞三从山岭上下来，刚进门口就被身边的叛徒夺去随身手枪，黄瑞三见势不妙，纵身跳上桌欲破瓦逃跑，不幸被叛徒开枪击中，当场牺牲，时年 31 岁。

尖石岭红军洞旧址

尖石岭红军洞旧址位于屯昌县境内广青农场十三队加训村尖石岭上，距山脚约 2 千米。

尖石岭西临澄迈县，东临屯昌县城，当时是两县的边缘地区，也是东西两地往来的门户。当年尖石岭山高林密，涧水长流，是野兽出没、人烟稀少的地方。岭上是由两块巨石天然拱成的石洞，洞里较为宽敞，面积约 9 平方米，高约 2 米，能容下 10 多人栖身。在民主革命斗争时期，这山洞曾经是琼崖党政军早期革命活动的落脚点之一。

1928 年初，琼崖革命武装创建人之一的冯平司令就曾经在山洞中住过。1929 年秋，早期共产党陈恭和被派回该地区活动。他以山洞为落脚点，在加训一带村庄办起夜校和妇女、儿童识字班，宣传革命道理，点燃了该地区的斗争火焰。1931 年冬，由林国光、黄善藩、李汉带领的行营红军开进了加训村一带，使该地区的革命斗争迅速发展起来。由陈恭和为主席成立了琼六区苏维埃政府和四个乡苏维埃政权。红军把山洞设为指挥部，办起学校，组织进步青年学习。红军战士在山洞前 100 多平方米的草地上出操上课。自此，尖石岭山洞便被群众称为“红军洞”。

红军洞以自然独特的优势隐藏了共产党领导的革命力量，特别是革命先辈李泽光、王大义等同志在红军洞中坚持革命斗争十几年，经历了抗日战争、解放战争，为党的革命事业、人民的翻身解放立下了不可磨灭的功勋卓绩。

1998 年 6 月，尖石岭红军洞旧址被屯昌县人民政府公布为屯昌县文物保护单位。

南田起义遗址

南田起义遗址位于屯昌县西昌镇土龙村委会南田村。

南田村周围是绵延的群山，因其地势雄伟险要，进能攻退可守，使它成兵家必夺之地。

屯昌怎么玩						
基本概况	位置：海南岛中部					
	陆地面积：1231.5 平方千米					
	人口：截至 2020 年，常住人口 25.5 万人					
景点	水晶公园	枫木鹿场	梦幻香山芳香文化园	木色湖旅游度假景区	屯昌县革命烈士陵园	南田起义旧址
	洪斗坡	卧龙山	银岭	深田湖	基督教南坤堂	
酒店	屯昌帝豪花园宾馆	屯昌雅美春天快捷酒店	屯昌元行商务酒店	屯昌龙晨星辉酒店	城市便捷酒店（屯昌明艳店）	瑞其曼公寓（屯昌氧立方店）

续 表

屯昌怎么玩						
学校	屯昌中学	坡心中学	南吕中学	黄岭中学	枫木中学	西昌中学
	华中师大一附中屯昌思源实验中学	南坤中学	海南屯昌思源实验学校	红旗中学	新兴中学	中坤中学
	楚风双语学校	中建中学	屯昌县高等中专学校招生委员会	新青山花园学校	屯昌县中等职业技术学校	屯昌县老年大学
	大同中学	育新中学				
市场	枫木镇中心市场	新兴市场	乌坡市场	昌盛市场	西昌市场	南吕市场
商场	旺佳旺购物广场	屯昌明珠广场	金盛达商业广场	万佳源购物广场	广安堂购物广场	亿万家商厦
	富源商业广场	华盛广场				
医院	屯昌县人民医院	屯昌县中医院	中坤农场医院	中建农场医院	屯昌县妇幼保健院	屯昌协和医院
	南吕农场医院	广青医院				
机场						
火车站/动车站	（屯昌汽车站）					
港口码头						

续　表

屯昌怎么玩						
重要基地						
2021 年入选海南民营百强企业名单						
工厂	屯宝床垫厂	海南省林业总公司屯昌木片厂	农机修造厂	平安铝粉厂	南坤淀粉厂	森茂胶合板厂
	环保免烧砖厂	塑料厂	松香厂	屯昌县食品公司南吕屠宰厂	天星木业	
历史人物	黄瑞三	陈国盈				
管辖区镇	屯城镇	枫木镇	南吕镇	南坤镇	坡心镇	西昌镇
	新兴镇	乌坡镇				
特别节日	“三月三	军坡节				
夜市	屯昌美食文化街夜市广场	明珠广场夜市				

续 表

屯昌怎么玩						
特色美食	屯昌黑猪	屯昌罗非鱼	屯昌罗氏沼虾	大陆坡鹅	屯昌荔枝	煎堆
	炸猪大肠	萝卜糕	萎茇饭	分层甜粿	解暑“清补凉”	木薯粿
	原味猪脚	枫木腌粉	八字糖	分层咸粿	玉米烙	炸葱酥
	炸糖酥	美果炒鹿丁	亿粿	麻辣鹿肉丝	蒸五色饭	
特色工艺	沉香造香技艺					
总领事馆						

海南省地图（政区版）

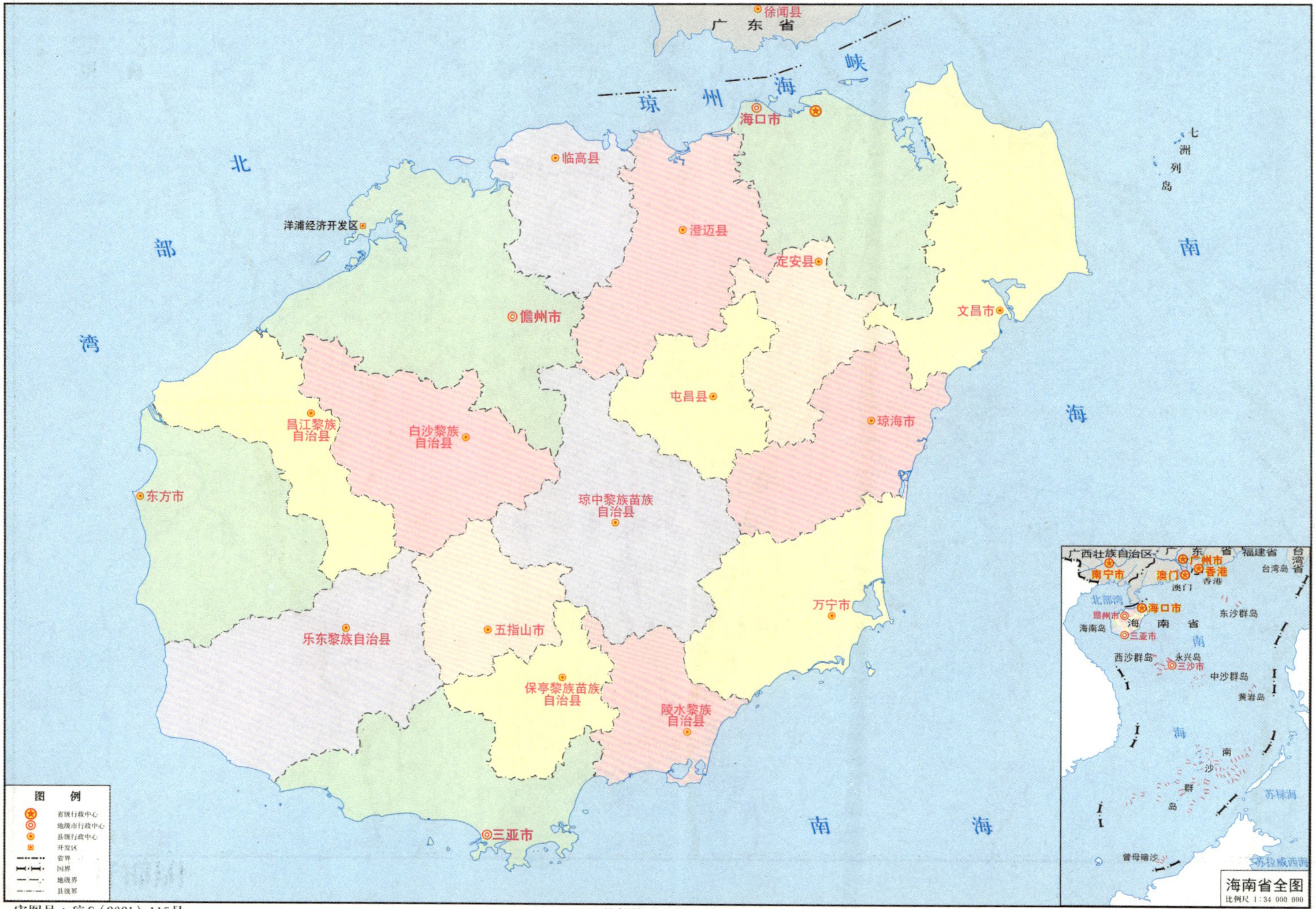

审图号：琼S（2021）115号

比例尺 1:1400 000

海南测绘地理信息局 监制

定安县地图

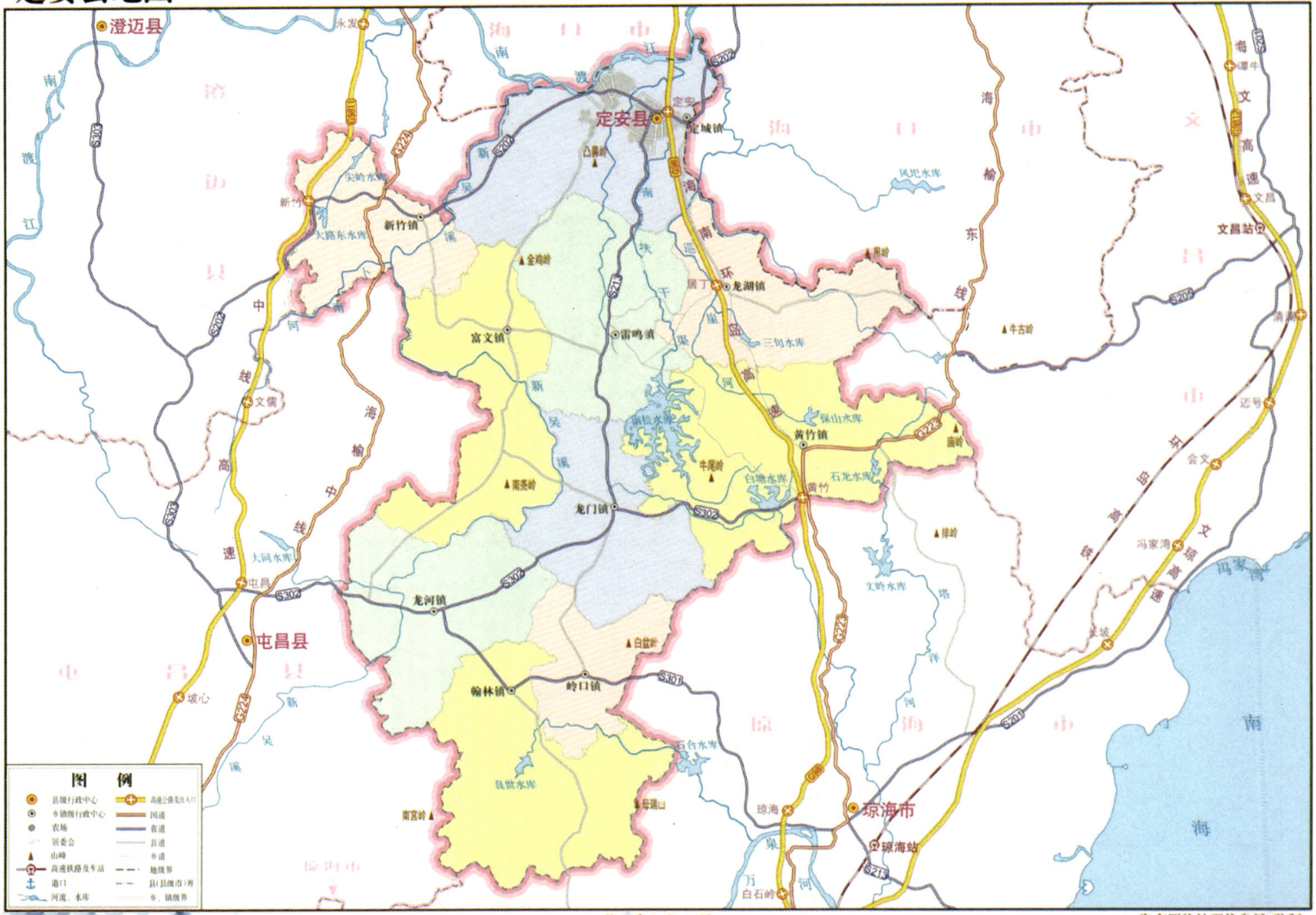
定安县
澄迈县
屯昌县
琼海市
定城镇
新竹镇
富文镇
雷鸣镇
龙湖镇
黄竹镇
龙门镇
龙河镇
翰林镇
岭口镇
文昌站
琼海站
南丽湖水库
白塘水库
石龙水库
保山水库
三甸水库
良世水库
大同水库
风把水库
文岭水库
石台水库
大路东水库
尖岭水库
南渡江
海榆中线
海榆东线
环岛高速
环岛高铁
海文高速
南海
图例
县级行政中心
乡镇级行政中心
农场
居委会
山峰
高速铁路及车站
港口
河流、水库
高速公路及出入口
国道
省道
县道
乡道
地级界
县(县级市)界
乡、镇级界

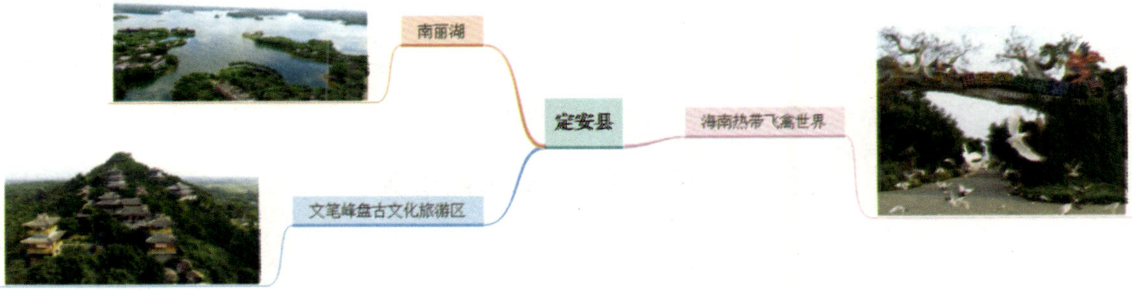
定安县
南丽湖
文笔峰盘古文化旅游区
海南热带飞禽世界

定安县（以下简称定安），位于海南岛中部偏北，陆地面积 1197 平方千米，2020 年常住人口 28.46 万。

著名的旅游景点有海南文笔峰盘古文化旅游区、海南热带飞禽世界等景区。

著名的酒店有定安春阳酒店、胜高酒店等旅游度假酒店。

定安以九年义务教育学校为主。

购物可以到和安市场，或者定安天九美食文化广场等商场购买。

看病可以到定安县人民医院、定安县中医院等咨询医师。

定安没有机场，没有动车站，有定安汽车站。

定安下辖 10 个镇。

2021 年入选海南民营百强企业名单中，定安有海南联塑科技实业有限公司 1 家企业入选。

定安历史上有张岳崧、王映斗、王弘诲等著名人物，其中张岳崧为海南四大才子之一。

许小韫的故事

在定安，曾经出现一位才女，叫许小韫。

许小韫，是一个定安娘子，广东番禺人，她是清代榜眼许其光的胞姐，清代海南唯一探花张岳崧的孙媳妇，海南古代三大才女之一，她也是中国古代文学史上百位女诗人之一。

例如她写的《柏香山馆即事》里的两首绝句：

绿阴庭院午风凉，阶砌名花各吐芳。

植就两株青翠柏，他年留得凛风霜。

第二首：

小池微雨绉清波，荡漾秋风卷碧荷。

独倚栏杆无一事，闲将蚱蜢饲八哥。

传说新婚之夜，为了考考丈夫的才情，也为了制造一点浪漫的意思，她在洞房门口贴了一副上联：“尹公他拖孟姜女之女入张子房之房非奸则盗”，声称新郎对不出下联，便不能入洞房。当晚，让新郎在走廊与书房间徘徊，到了深夜还对不齐整。最终是家里老人帮他将下联接上：“闵子赛牵冉伯牛之牛耕郑子户之户为富不仁”，这才圆了花烛之夜的巫山云雨。可见，才女的郎官真的是不好当。

定安怎么玩						
基本概况	位置：海南岛中部偏北					
	面积：1197 平方千米					
	人口：截至 2020 年，常住人口 28.46 万人					
景点	海南文笔峰盘古文化旅游区	海南热带飞禽世界	梁氏宗祠	南丽湖	母瑞山	定安古城
	久温塘冷泉	万嘉果热带植物园	定安县衙博物馆	将军井	太史坊	冯白驹将军抗日驻地遗址
	八角殿	仙沟塔	母瑞山革命根据地纪念园	南扶水库		
酒店	定安春阳酒店	胜高酒店（定安见龙大道店）	定安居善观民宿			

续 表

定安怎么玩						
学校	定安中学	南海中学	定南中学	定安职业技术学校	龙州中学	金鸡岭学校
	海南省工业学校	城东中学	新竹初级中学	海南省交通技工学校	岭口中学	振华学校
	定安县实验中学	定安县城南中学	定安思源实验学校	雷鸣中学	黄竹中学	龙塘中学
	居丁初级中学	海南省机电工程学校（南丽湖校区）	翰林初级中学	海南国际文化培训学院		
市场	和安市场	定安县岭口集贸市场	安达市场	塔岭农贸市场	仙沟农贸市场	居丁集贸市场
	新序集贸市场	翰林市场				
商场	天安广场	供销电器商场	雅仕商场	润隆百货商场	新悦广场	天安百货
	定安百货商场	定安天九美食文化广场	时运商场	钢管商场	北源商贸广场	

续 表

定安怎么玩						
医院	定安县人民医院	龙河卫生院	金鸡岭农场医院	定安县潭禄医院	定安县翰林镇翰林卫生院	定安县定城镇卫生院
	定安县中医院	宝兴中医骨伤科医院	黄竹卫生院	新竹卫生院		
机场						
火车站/动车站	（定安汽车站）					
港口码头						
重要基地						
2021 年入选海南民营百强企业名单	海南联塑科技实业有限公司					

定安怎么玩

工厂	服装厂	宝平制药厂	果冰厂	石灰厂	建设砖厂	万维生物制药技术有限公司定安加工厂
	榨油厂	印刷厂	白瓦厂	木片厂	椰星活性炭厂	龙河高轩蜂窝煤球加工厂
	牙膏厂	糖厂	江南饮料厂	编织厂	利生源粮油加工厂	
历史人物	张岳崧	王映斗	王弘诲	许小韫（定安媳妇）		
管辖区镇	定城镇	龙湖镇	雷鸣镇	龙门镇	岭口镇	富文镇
	新竹镇	黄竹镇	翰林镇	龙河镇		
特别节日	军坡节	定安美食文化节				
夜市	潮定安·美食夜市					
特色美食	定安富硒大米	定安粽子	菜包饭	海南板兰羔	南丽湖啤酒鸡	
特色工艺	天然水晶制品					
总领事馆						

海南省地图（政区版）

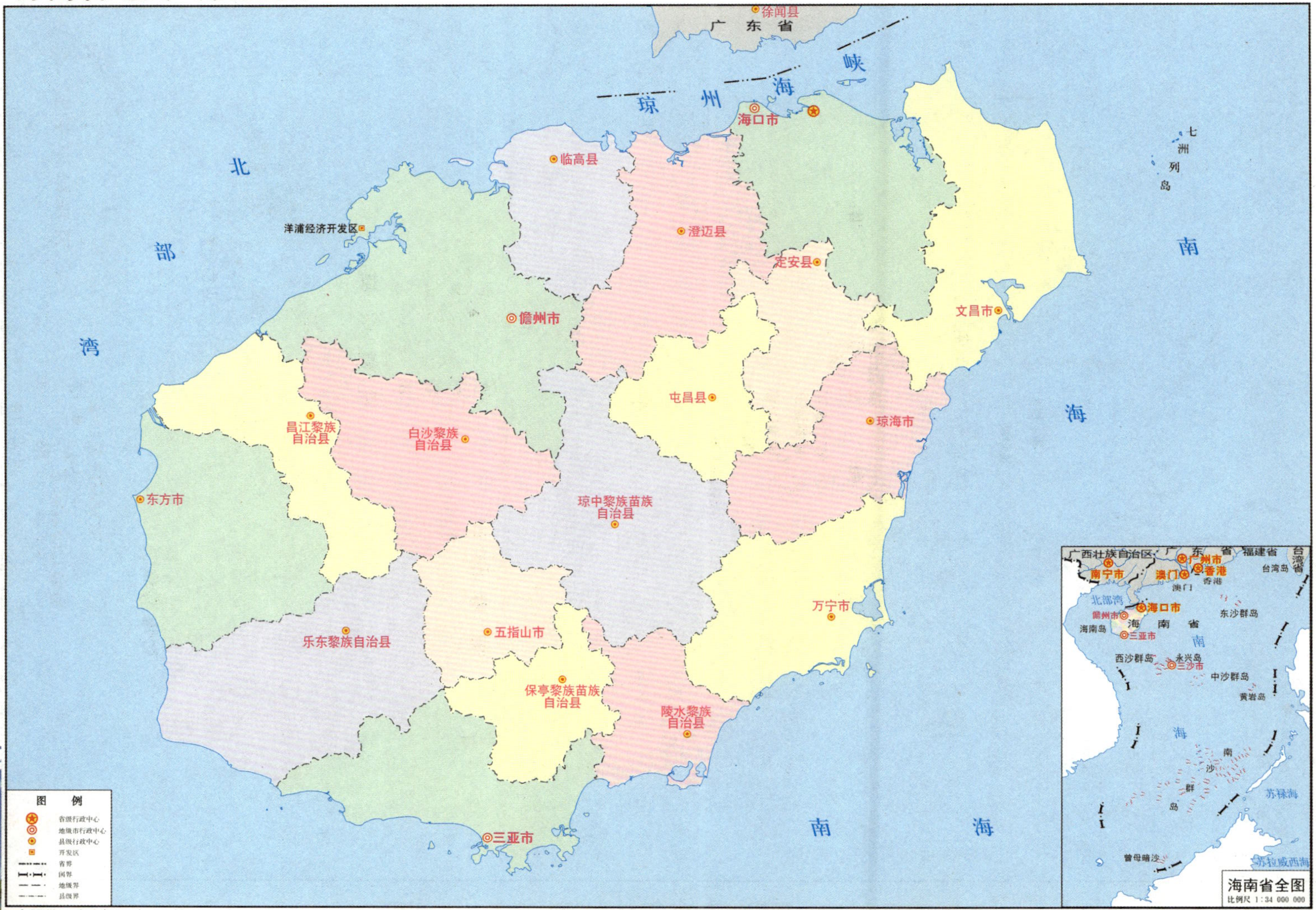

审图号：琼S（2021）115号

比例尺 1:1400 000

海南测绘地理信息局 监制

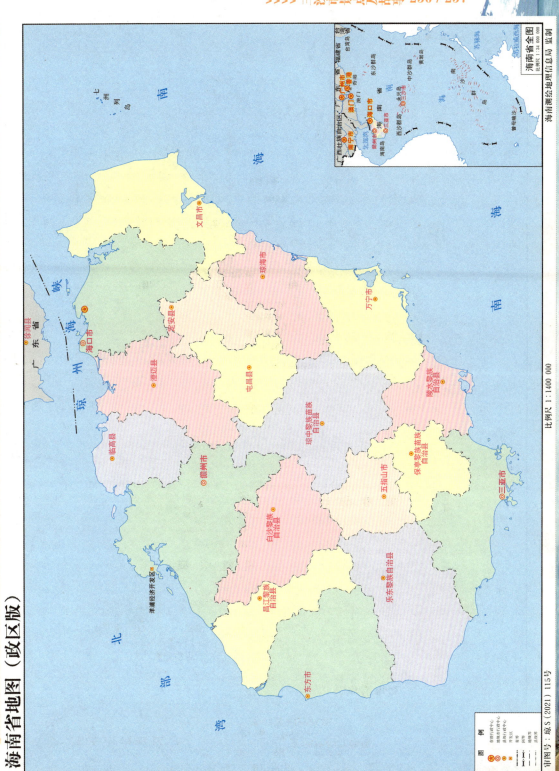

三沙市地图

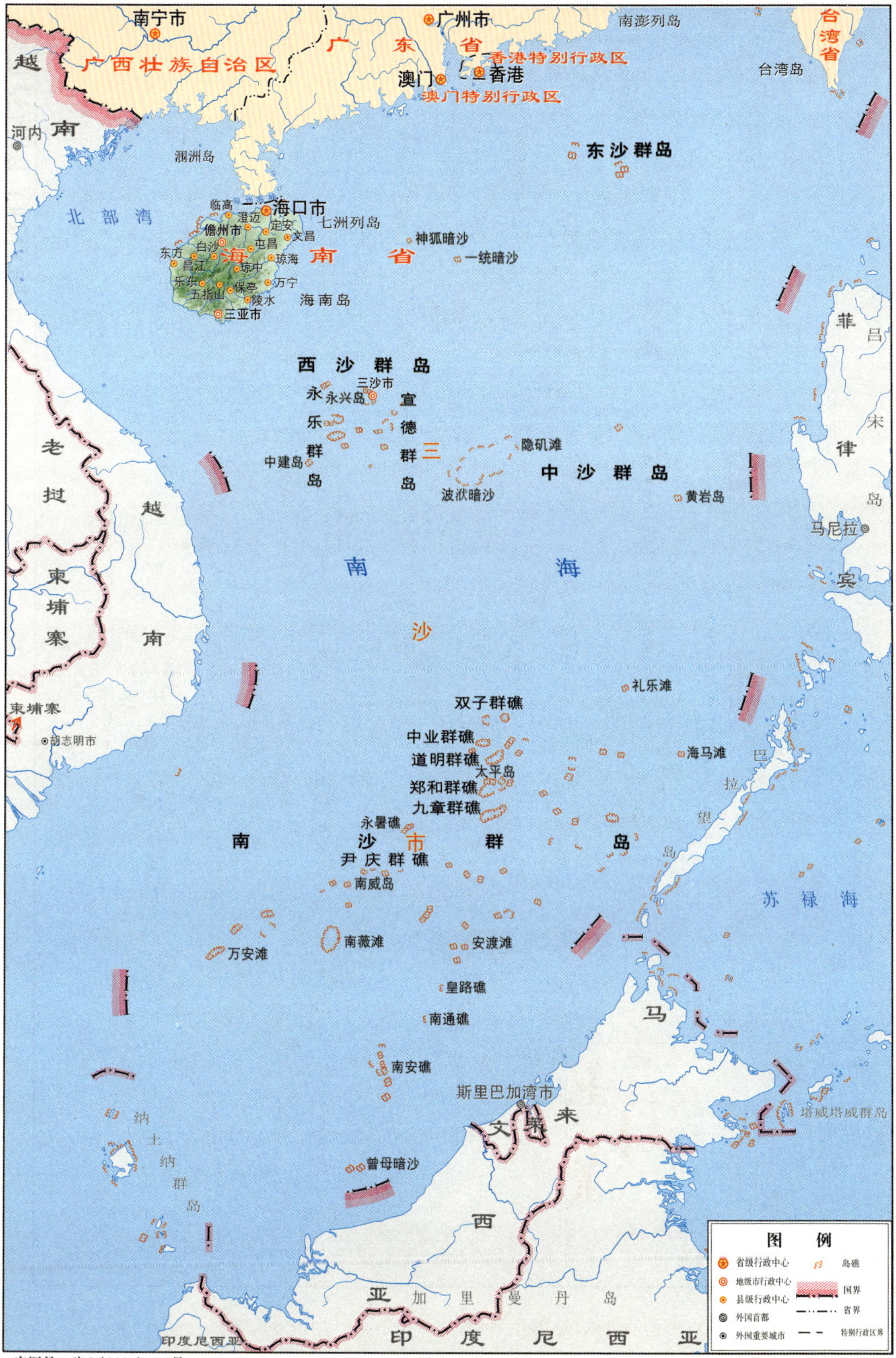

审图号：琼S（2021）120号　　比例尺 1∶9 600 000　　海南测绘地理信息局 监制

石岛

三沙市

西沙海洋博物馆

三沙市（以下简称三沙），位于海南省最南端，陆地面积 20 多万平方千米，2020 年常住人口 2333 万。

著名的旅游景点有西沙海洋博物馆、石岛等景区。

没有酒店。

学校有三沙市永兴学校（琼台师范学院附属永兴学校）。

购物可以到三沙购物广场购买。

看病可以到三沙市人民医院咨询医师。

三沙市有三沙永兴机场、太平岛机场、南威岛机场等多个机场。没有动车站，没有汽车站。

三沙管辖有200多万平方千米的海域，还有西沙群岛、中沙群岛和南沙群岛，以及其他小岛屿。

历史上路博德、郭守敬、郑和、李准等著名人物都途经过南海。

三沙市是中国最年轻的海洋城市。

西沙海洋博物馆

西沙海洋博物馆是由一个在西沙驻守了16年的海军战士创建的海洋博物馆。整个博物馆由贝类、珊瑚类、鱼类、龟类和鸟类等六部分组成，收藏了海洋生物标本800多个种类，共10000多件，其中有20多种填补了国家空白。比如，鹦鹉螺肉质标本，在世界上也只有英国、日本等国家博物馆里有，而在我国，只有西沙海洋博物馆里独有。

三沙怎么玩						
基本概况	位置：海南省南部					
	陆海面积：200 多万平方千米					
	人口：截至 2020 年，常住人口 2333 人					
景点	西沙海洋博物馆	石岛	收复西沙纪念碑	永兴岛	永乐龙洞（地图上看看就好了）	玉琢礁沉船遗址
	甘泉岛遗址（甘泉岛唐宋遗址）	华光礁沉船遗址	珊瑚岛沉船遗址	浪花礁沉船遗址	甘泉岛永兴岛兄弟庙	永兴岛史迹
	北礁沉船遗址	南沙洲沉船遗址				
酒店						
学校	三沙市永兴学校（琼台师范学院附属永兴学校）					
市场						
商场	三沙购物广场					
医院	三沙市人民医院					

续　表

三沙怎么玩						
机场	三沙永兴机场	渚碧礁机场	美济礁机场	太平岛机场	弹丸礁机场	中业岛机场
	永暑礁机场	南威岛机场				
火车站/动车站						
港口码头	三沙市永兴综合码头					
重要基地						
2021年入选海南民营百强企业名单						
工厂						
著名人物	路博德（途经南海）	郭守敬（途经南海）	郑和（途经南海）	李准（途经南海）		

续 表

三沙怎么玩						
管辖岛屿及海域	西沙群岛	中沙群岛	南沙群岛			
特别节日						
夜市						
特色美食	海鲜					
特色工艺						
总领事馆						

参考文献

①孔见，《海南岛传：一座岛屿的前世今生》，新星出版社，2020 年。

②迟福林，《我的海南梦：痴心热土三十载》，江苏人民出版社，2018 年。

③迟福林，《策划天涯 30 略：立足海南的追求和探索》，江苏人民出版社，2018 年。

④张妙弟，《美丽海南》，蓝天出版社，2014 年。

⑤闫广林，《海南历史文化（特辑）》，社会科学文献出版社，2019 年。

⑥周伟民，唐玲玲，《海南通史简编》，人民出版社，2019 年。

⑦迟福林，《众论海南自由贸易港（自贸港系列丛书）》，海南出版社，2020 年。

⑧《发现者旅行指南》编辑部，《海南 第 2 版》，旅游教育出版社，2016 年。

⑨中共海南省委宣传部，《海南建省办经济特区 30 周年特辑》，人民出版社，2018 年。

⑩中国共产党中央委员会，中华人民共和国国务院，《海南自由贸易港建设总体方案》，人民出版社，2020 年。

⑪李世杰，《中国（海南）自由贸易试验区服务贸易创新发展典型案例》，中国经济出版社，2019 年。

⑫ 王天津，《明珠海南的民俗和旅游》，旅游教育出版社，1996 年。

⑬ 闫广林，沈琦，《海南农垦发展史》，社会科学文献出版社，2016 年。